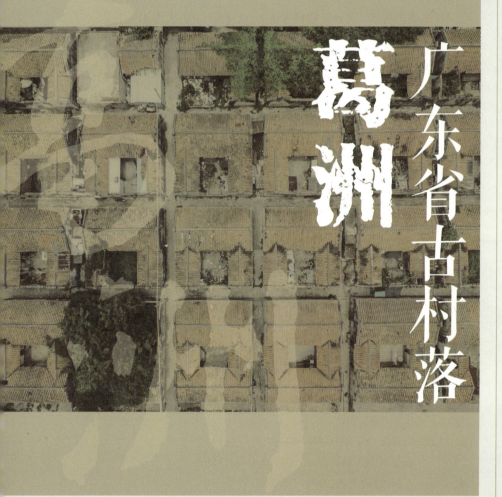

广东省古村落 葛洲

GUANGDONGSHENG GUCUNLUO GEZHOU

陈伟家 ◎ 著

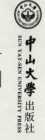

·广州·

版权所有 翻印必究

图书在版编目（CIP）数据

广东省古村落．葛洲/陈伟家著．—广州：中山大学出版社，2020.5

ISBN 978-7-306-06859-0

Ⅰ．①广… Ⅱ．①陈… Ⅲ．①乡村－介绍－汕头 Ⅳ．K926.55

中国版本图书馆CIP数据核字（2020）第051239号

出 版 人：王天琪
策划编辑：曹丽云
责任编辑：曹丽云
责任校对：卢思敏
封面设计：林绵华
装帧设计：林绵华
责任技编：何雅涛
出版发行：中山大学出版社
电　　话：编辑部 020-84111946，84110779
　　　　　发行部 020-84111998，84111981，84111160
地　　址：广州市新港西路135号
邮　　编：510275　　传　真：020-84036565
网　　址：http://www.zsup.com.cn　E-mail:zdcbs@mail.sysu.edu.cn
印 刷 者：广州一龙印刷有限公司
规　　格：787mm×1092mm　1/16　11.5印张　200千字
版次印次：2020年5月第1版　2020年5月第1次印刷
定　　价：68.00元

如发现本书因印装质量影响阅读，请与出版社发行部联系调换

目录 CONTENTS

序言 葛洲，家在南海边的乡土记忆 / I

第一章 一望乡关八百年

葛洲概貌 / 4

创乡年代 / 6

独特的地理位置 / 9

坑口五关涵，葛洲古遗址 / 11

给"侯来任"正名 / 14

沧桑历史话葛洲 / 19

第二章 祖祠文化 怀抱祖德

葛洲翁氏：肇启清江话"六桂" / 28

葛洲张氏：俎豆千秋德馨远 / 35

葛洲葛园陈氏：怀抱祖德家声远 / 43

葛洲西畔陈氏：千秋香火念鳌头 / 48

西乡黄氏：炽昌堂内宗脉长 / 52

葛洲洪氏：留住祖训留住根 / 59

院士佘畯南：祖居葛洲佘厝巷 / 62

第三章　一地人文　一地虔诚

葛洲古村落：村居、村民、古韵 / 70

葛洲的"妈祖信仰"与鸦洲宫 / 78

"珍珠娘娘"与达濠民间信仰 / 83

"仙师公"、紫垣阁与"三山国王"庙 / 86

葛洲的民间传说 / 92

　　（一）阿妈请戏 / 92

　　（二）七鹤归洞 / 93

　　（三）白蛤石 / 94

　　（四）关刀石 / 94

　　（五）绞纽洞摇鼓仔坟 / 95

　　（六）鲤鱼坟 / 96

　　（七）戏仔崆 / 96

第四章　一方桑梓　八方贤达

葛洲贤达张兆禧 / 100

爱国爱乡的香港同胞张恭良、张恭荣 / 102

张美兰，盛放在越南的潮人女人花 / 113

葛洲乡第一座洋楼——训庭别筑 / 120

越南有个"小葛洲" / 124

中国首座乡村海员俱乐部——葛洲海员俱乐部 / 129

第五章　葛洲风物　雅量长留

（一）清代守将陈飞亭墓 / 134

（二）烟墩城·跳虾山 / 135

（三）龙船石 / 136
（四）古车臼石 / 137
（五）石板路·书房顶 / 139
（六）凉亭·厝桶 / 140
（七）橄榄石脚·畚箕王 / 140
（八）东山之上的"隐士" / 141
（九）林厝埕·燕鸟角·上园顶 / 141
（十）佘厝围和佘厝巷 / 142
（十一）曾厝尾·胡尾埔 / 143
（十二）"四虎"·打石角·哺螺石 / 143
（十三）葛洲的西塭、大塭和塭沟 / 144
（十四）莲花心·竹篮山 / 145
（十五）葛洲墓地：隐水蟹、狗槽、塔仔脚 / 145
（十六）葛洲"四洋"：前洋、后洋、上洋、北洋 / 147
（十七）大岭山·倒吊金钟 / 149
（十八）崇德善堂 / 149

第六章　海丝故土　和美侨乡

历史记住葛洲 / 152
葛洲——美丽乡村，美丽人文 / 155

葛洲大事记 / 163

后记 / 167

广东省古村落 葛洲

依山傍水(杨伊园 摄)

序 言
葛洲，家在南海边的乡土记忆

陈伟家

广东省汕头市濠江区达濠街道葛洲社区是潮汕历史文化的一个典型缩影。笔者所写的或许不是一本关于一座乡村的书，而是昔年人们抱团取暖、邻里守望、乡情播远的一段段故事，是关于中原人行迹天涯、演绎海上生活和海上丝绸之路的沧桑岁月的一本书。故乡，是一本书。

故乡总带着厚重的历史感。本书要叙述的年代，远在千年以前，而葛洲这座有800年以上历史的潮汕乡村，在历史上留下了太多的足迹和生活的故事。岁月流逝，而这里却遗存着一片完整的古村落。100年前，惠州府陆丰县甲江（今广东省汕尾市陆丰县甲子镇）举人张兆禧应葛洲乡贤所邀，在葛洲村口石壁上题写"乡关"二字。从此，葛洲人走出"乡关"，便会有千百次的回眸。他们回忆泪别中原、筚路蓝缕的先民，不忘康熙禁海时生灵涂炭的惨痛，永记为民请命、冒死奏疏"展复"的巡抚王来任。葛洲人将"乡关"景致称为"侯来任"。乡关在兹，一抔故土一片情；葛洲人踏出乡关，千里万里，从此乡愁缥缈。

流年似水传书香

这是一座令人流连的乡村。古屋、古巷、青石无语，古民居群随处可见青藤挂壁，再现滨海渔村的往日时光。昔年的葛洲，海在眼前；如今沧海桑田，留下的是如茵的土地。几百年前，许多人背井离乡下南洋；几百年后，越南繁衍出一个万人之乡"小葛洲"。葛洲乡民靠海而居，又有许多人航行于世界之海，他们携亲带故落地香港、南洋。一年年，许多葛洲人走出乡关，去寻找外面更美好的世界。村里现有约8400人，其中，至少有3000人常年在外漂泊，他们漂洋过海，在他乡打拼，又将故乡一次次回望。

葛洲建乡于南宋初，起初称为"清江乡"。清江乡是翁氏人家为记住祖居地福建莆田清江而命名。此前，蓝、许等姓氏人家最早在达濠东面临海的北山山麓定居。渔村面对着大海，风浪无数，翁姓人家当年将异乡当故乡，清江乡成为其聚居之地。元朝时期，海盗经常袭扰村庄，他们被迫于明洪武元年（1368）内迁到凉亭。然而，仍受海盗袭扰，葛洲先民不得不又一次择地迁移，他们找到一片有着碧海蓝天、近乎荒原的无人居住的地方，彼时，岸铺银沙、葛藤缠绕，"葛洲"之名由此而来。

宋末元初年间，韩江三角洲腹地人烟辐辏，鱼米盈市。遭北方元军洗劫后，潮人流离失所，再次出现人口迁移。那时，海阳县（今广东省潮州市潮安区）鸥汀（今汕头市龙湖区欧汀街道）张氏在一水之隔的浮陇（今汕头市金平区东墩街道）已蕃成大姓，张姓先人于元至正八年（1348）来到潮阳县（今汕头市潮阳区）城东海滨定居，他们以教书为生，诗礼传家，而成村中大姓，为本村张氏一世祖。

葛洲之初，诗礼教化的传承，令这座古村焕发活力。几百年来，26姓同居一村，张、陈、黄、翁、曾、朱、邱、纪、洪、杜、徐、李等姓氏人家和谐相处。他们惺惺相惜，抱团取暖，邻里守望，共同挺立在曾经被海寇劫掠的乡土，共同筑建坑口五关涵闸，在鸡犬相闻的村落间过着世外桃源般的生活。后来，宿居葛洲的晚清举人张兆禧在葛山岭下筑"环山半庐"书室，推动了葛洲诗学润乡。如今，还有被称为"书房顶"的书室留在老厝宅之东的山坡上。在这个村落中，与"书"为伍成高雅。

宗祠与民居留住乡土印迹

中原，是潮汕人的"根源"和起点。先民面对种种磨难，远征求安，筚路蓝缕。葛洲村现有的10座祠堂，为张、陈、黄、翁、洪等姓氏浓缩"家"的味道的遗存。明朝中叶，潮地立祠建庙成风，聚族而居，族必有祠。"大宗小宗，竞建祠堂。争夸壮丽，不惜赀费。"[①]潮汕人将宗祠作为祖先灵魂的安息地，让后人在这样的地方数

---

① 〔清〕李书吉等修，〔清〕蔡继绅等纂：《澄海县志》卷之六，清嘉庆二十年（1815）刊本，（台湾）成文出版社民国五十六年（1967）版复印本，第62页。

葛洲古民居（袁笙 摄）

典、回望、追远。

　　张氏宗祠号"追远堂"，历经300多年沧桑，迄今犹存，其楹联"诗书毓秀英豪展志光世泽，礼义传贤伟杰腾辉耀昆荣"，诗书礼义了然。葛洲村有一块大石块上刻着"莆邑翁六桂之后"，是明朝嘉靖元年（1522）的摩崖石刻。这块摩崖石刻前，曾是翁氏人家的老屋，考证葛洲翁氏的家世渊源，从此处可读到葛洲悠久的村史。翁氏为礼乐名家、东南望族。"莆邑翁六桂"之后为福建莆田翁乾度（898—951）一脉。翁氏后人带着祖先的生命基因，记住祖训，留下"六桂联芳"的历史佳话。翁氏后人从福建莆田福兴里竹啸庄卜居葛洲，一座"六桂旧家"宗祠，是潮汕古民居"二进、二花巷、后包围"的小"驷马拖车"格局，古厝、古井、古山墙，一派幽然清静，木雕、石雕、壁画既留存古意，又饰以西洋风趣壁画，是我们探究葛洲村历史遗存必去的地方。他们的故事让我们看到葛洲创乡的脉络和诗礼之乡的传承。

　　留住典雅唯美的潮汕祠堂，是葛洲后人缅怀先民以德传家的生活的深情印记，它饱含"怀抱祖德""慎终追远"的精神力量，充满大爱而又令人迷恋。这些富含潮汕传统民间色彩的祠堂，是中国民间传统文化的奇彩篇章。

葛洲侨宅（陈智生 摄）

南洋建筑散发异域风情

葛洲人下南洋早，他们与"三江出海，四海为家"的潮汕华侨一样，漂洋过海，四海为家。

在葛洲村徜徉，潮汕古屋上的"大波浪"山墙格局随处可见。山墙是潮汕古建筑的精髓，按"金木水火土"型制构建。由于近海，葛洲先民与海相生的生命轨迹反映在这些历史遗存中。而更为独特的是，这里分布着南洋骑楼和受西洋文化影响的建筑。葛洲村第一座洋楼"训庭别筑"建成于1933年，这座别具一格的建筑，其外观带有西洋风格，室内则以潮汕厝"四点金"格局划分，可谓中西合璧。

1979年，葛洲村会同香港同乡会乡亲，建成了国内独一无二的乡村海员俱乐部——葛洲海员俱乐部，其外围墙和窗棂图案以船锚为标识，外墙采用橙黄色套白的色彩和线条，别具南洋风情。

葛洲是一座奇特的侨乡。故土难离，乡贤们行迹四海，又反哺故乡。故乡，在安分守拙、朴质踏实的乡风里如烟似梦。徜徉于这里的乡间故事，让人既充满欣喜，又充满期待……

彩霞映古村（翁纯青 摄）

葛洲侨乡全貌（杨毓添 摄）

第一章

一望乡关八百年

> 潮民力耕，多为上农夫，馀逐海洋之利，往来乍浦苏松，如履平地。女红针黹纺织，鲜抛头露面于市廛，胼手胝足于陇亩者。近山之妇多樵，滨海者兼拾海错以糊口。山乡地瘠而民蛮，水乡土沃而民猾。……君子外质而内慧，小人外谨而内诈，其风气近闽。
>
> ——〔清〕周硕勋[①]

---

① 〔清〕周硕勋纂修：《潮州府志》第三本卷十二，清光绪十九年（1893）重刊本，第251—252页。

葛洲概貌

葛洲社区位于广东省汕头市濠江区达濠街道东北部、汕头内海湾"一湾两岸"的南岸东侧，北朝韩江、榕江、濠江三江汇合的汕头港。瞭望山分隔了葛洲与濠江区南部星罗棋布的海村和达濠城。山北山南之间一条约4千米长的乡道低缓蜿蜒，穿过瞭望山谷，逶迤如龙，通往达埠村；另一条乡村公路与东湖、澳头相接形成外环。环翠的山冈上可一览山、海、耕地和海湾，农、渔、商、航运、海滨旅游充盈了这样一座"鱼米之乡"，侨乡新貌与保存完好的古村落展示着历史和发展。

葛洲交通四通八达，公共交通设施便利。全长2500米的汕头海湾大桥位于乡村北面，汕汾高速公路、广汕公路、深汕高速公路穿过本村，县道与村道天南路相接。

这座创村于两宋交替时期的村庄，三面环山、一面傍海，风光秀丽。别具一格的潮汕民居依山而建，错落有致，具有鲜明的岭南群落集聚建筑特色。全村现存古民居约850座，集中分布在葛洲村落中心地带，格局齐整。最早下南洋，后荣归故里的本乡著名潮商与汕头埠有着密切往来，因而民居有着汕头建筑的风格；遍布乡村的骑楼风格的洋楼，又结合东南亚民居特点，这是葛洲村落区别于其他地方的特色。这些建筑物，潮汕建筑元素分布其中，历史文化底蕴深厚。一些破旧的宅屋经修缮、加固和改善，保持着"修旧如旧、修新如旧"，体现了村民对这些遗迹的珍惜。新建的民宅皆以古村落为中心，向外围伸展，保证了古村落和许多民国时期建筑不受破坏，形成

生态葛洲（陈瑜珈 摄）

新旧相呼应的视觉冲击力。

葛洲是著名的侨乡。据1988年《汕头市达濠区地名志》[①]中1985年的不完全统计，该村有港澳同胞及侨居国外的华侨5100人，港澳同胞家属及侨眷占该村总人口的88%，华侨分布于欧、美及东南亚各国，其中旅居越南的最多，主要聚居在越南胡志明市浸石郡的葛洲人称为"小葛洲"的地方。随着几十年的经济发展和人口增长，国内的葛洲和越南"小葛洲"也蓄势发展。

目前，葛洲社区总面积为7.8平方千米，其中村庄面积0.75平方千米，耕地、山地、海滩涂等6.85平方千米，折合10275亩[②]。现有住户3481户，人口约8400人。村民认为客居越南的乡亲人口数超过了1万，加上在香港地区的葛洲籍乡亲，葛洲可谓是邻里守望、海内外并举的大村落。

葛洲属亚热带海洋性气候，气候温和。经济产业主要以种养业、海上捕捞业为主。主要种植水稻、甘薯、生芋（即山芋，又名"白薯"）、大蒜、生姜等；山地面积5000亩，种植相思树、松、柏、木麻黄、"朴仔"（即番石榴）树、阳桃树等。自古以来，"葛洲朴仔"驰名远近。

[①] 参见《汕头市达濠区地名志》，汕头市达濠区地名志编纂委员会，1988年，第23页。
[②] 1亩≈666.7平方米。

创乡年代

葛洲旧属潮阳县。现存的《潮阳县志》有明隆庆以及清康熙、嘉庆、宣统四种版本，在"舆地""乡都"条目中均录入"葛洲"。葛洲乡属于潮阳砂浦都，其中今属于葛洲社区的西畔村原属于招收都。依据县志，"葛洲"之名至少在明弘治年间（1488—1505）便已存在，迄今已有500多年的历史。[①] 葛洲乡为杂姓同居的潮汕乡村，全乡有26个姓氏，他们在不同的历史年代来自不同的地方。依据这里的人文特点、历史传说和谱牒记载，葛洲的人文历史可推至更早的年代。

相传葛洲一带曾经是疍民生活的地方。[②] 早在东晋隆安元年（397），已有疍家人渡海至鮀濠（今达濠），煮盐捕鱼为生。疍家为百越先民，是闽粤的远古居民。疍家古称"蜑户"，又称"艇户""龙户"。他们杂居于闽广一带的江河海边，以舟楫为家，从事渔业，为潮汕疆域最早的居民之一，"以舟为室，视水如陆，浮生江海者，蜑也……蜑之浮生，似若浩荡莫能驯者……以是知无逃乎天地之间"[③]。后来与入粤的潮汕人一起"聚族而居"，开始了陆上生活。

---

① 现存的明隆庆《潮阳县志》，该书附录明弘治年间旧志（已轶）训导张德《弘治二年潮阳县志后序》"朝廷遣官所采志书一帙，属予为加考订"，可明白。

② 参见汕头市濠江区地方志编纂委员会编《汕头市濠江区志》，广东人民出版社2013年版，第8页。

③〔宋〕周去非著，杨武泉校注：《岭外代答校注》卷三，中华书局1999年版，第115-116页。

宋代，葛洲有蓝、许、翁等姓氏族人卜居于北山山麓橄榄石附近。[①] 蓝氏传统上属于畲族的一支，生活在海阳县凤凰山上。南宋末年，抗元民族英雄许夫人带兵，部属几为畲民。这些年代较为久远的传说，可证葛洲有海可逮，有地可耕。以北宋翁乾度裔孙"翁六桂之后"卜居清江为时间基点，葛洲的历史可推至800年以前，创乡之说从此有迹可循。至宋末，蓝氏来此，其或为蛰伏海滨的畲民。宋元时期，葛洲属潮阳县奉恩乡，葛洲诸姓居民和谐一乡，当时村名为"清江乡"。

明洪武元年（1368），东南沿海海寇、洋寇频频袭扰，先民聚族而居，抱团抵敌。然而，滨海之地难以御敌，乡民不得不移居至凉亭，在这里搭建厝屋草寮，垒建屋舍。凉亭山清水秀，位于今葛洲东面，坐西向东，三面环山，东面望海。村落背依"牛头相答"岭，左为麒麟山，右为岐百寨（又名"崎佰寨"）山。

明朝时潮阳县招收都、砂浦都地图
（见〔明〕隆庆《潮阳县志》）

村民们利用山坳边角地种植旱园植物，山脚下有水田可耕，东面有海可捕鱼，但海寇仍猖獗，村民无法安身。面对东南沿海不断袭扰的海寇，葛洲乡民三易其地，步步为退，最后选择在一片平缓的海滨沙陇地聚居。村落周围礁石错落，葛藤茂盛缠绕，绿地连接碧海，海滩绵延，沙鸥翔集，"葛洲"之名由此而生。依据葛洲乡现存的祠堂簿记，参照明隆庆《潮阳县志》所载，葛洲第三次迁徙，至少于明弘治年间（1488—1505），其时村落人口稀少，条件艰苦，先民的坚强意志力可见一斑。正因三迁其所，聚居地渐渐有了四方的乡音，人口繁衍。根据对明朝潮阳疆域图的分析，那时的葛洲在孤悬于海上的达濠小岛上，瞭望山还将其与人气旺盛的达埠隔开，山高皇帝远，朝廷海禁的戒律尽管严厉，但对如此蕞尔小岛里的小村庄鞭长莫及，岛上倒也安宁，以

---

① 参见黄林财主编《葛藤旧事堪怀古——葛洲乡土名胜集》，2010年，第2页。

此吸引了沿海地带的人们卜居于此，渐渐形成多姓氏的村落。

以潮阳县衙位置而论，"县城"一般为政治、文化的中心，周遭乡隅俱为城郭边缘。明清时期，葛洲已包含在"达濠，招收、砂浦两都"之中，远在县城以外，为"邑东之外卫也"。①砂浦都与招收都毗邻。北宋时期，招收盐场是潮州三大著名盐场之一（其他二个为小江、隆井盐场）。可以推测，其时葛洲是一个可耕、可渔、可制盐的海滨乡村，一路路农人、渔人远道而来，汇聚一起，蔚成村落。饶宗颐1949年编纂的《潮州志》载，北宋元丰年间（1078—1085），潮阳有四乡：新兴、兴仁、奉恩、丰欢，奉恩乡包括直浦都、竹山都、招收都、砂浦都；元朝至元十二年（1275），潮阳乡都密集，人烟辐辏；至清顺治年间，砂浦都分出二村，招收都有七村；清乾隆年间，砂浦都有十四村，而招收都有四十二村。②以上砂浦都辖内的葛洲乡均列其中。

潮阳建县后，招收、砂浦两都在民国期间属潮阳县第四区，20世纪30年代改为属第三区，1940年为汕头市第六区；1946年，葛洲与东湖、澳头三村合为"潮光乡"；1949年后属达濠；1950年自成一乡；1957年又与东湖并称为"潮光乡"；1958年初属汕头市郊达濠人民公社；1959年改称为"大队"；1961年4月复属潮阳县；1974年又属汕头市郊区；1980年7月划属汕头市郊达濠镇；1984年1月，达濠镇与礐石人民公社合并为达濠区，为县级建制的市辖区，葛洲列入达濠区；1984年12月，划出达濠岛东南部30平方千米作为汕头经济特区广澳开发区；③2003年1月，由达濠区和河浦区合并组成濠江区，下设街道若干，葛洲社区属于达濠街道。

---

① 参见〔清〕蓝鼎元撰《潮阳县图说》，见〔清〕蓝鼎元撰，郑焕隆选编校注《蓝鼎元论潮文集》，海天出版社1993年版，第21页。

② 参见饶宗颐总纂《潮州志》，汕头：潮州修志馆，1949年，第29页。

③ 参见广东省汕头市地方志编纂委员会编《汕头市志》，新华出版社1999年版，第302页。

独特的地理位置

葛洲位于达濠街道东北部的瞭望山下,北邻"一湾两岸"的汕头港,与汕头市龙湖区、金平区隔海相望,南距濠江区政府约4千米,东临北山湾,西连濠江区南滨路,分别与澳头、东湖、达埠村接壤。

葛洲古属潮阳县,与达濠城相毗邻,历史上发生的濠岛风云,葛洲均受到影响。《潮阳县志》载:"潮滨大海,控制粤洋东路,而潮阳与海、揭并称三阳,实为濒海剧邑。海门、达濠,城堡相望,狮山当其冲,扼要备御,方今尤亟亟。"① 可见葛洲自古就为海防要地。清康熙年间,邱辉盘踞达濠城,海船频频出入沿海地区,葛洲渔民或应军变,或猎海,均受其左右。

葛洲乡四面环山,南高北低,犹如盆地。南望南屏山、大望山、大岭山,东北靠鼎盖山、小东山,连接北山,西望汕头港,有山、有水、有耕地,有海滩和海洋,历来可耕、可渔、可商(适合海上运输和贸易),是山海孕育的富庶之乡,并随着历史、地理的变迁,蔚成现实版人间天堂的图景。其独特的地理位置,吸引了来自四面八方的客人,也养成了葛洲人四海为家的生活习性,他们走遍天下,造就了一座著名侨乡。

散落在葛洲村的大量岩石、摩崖石刻、古树,隐藏着古村落大量的信息。这些岩石昔年为海滨礁石,随着海水退去,岩

---

① 〔清〕朱丙寿:《重修潮阳县志序》,见〔清〕周恒重修,〔清〕张其翙纂《潮阳县志》,清光绪十年(1884)刊本影印本,(台湾)成文出版社1966年版,第3页。

乡关（陈江河 摄）

石之形裸露出来，形态各异，气象万千。这些留存下来的岩石如今成为葛洲古村落的一大特色，体现着海滨乡村风情。岩石或位于小山丘之巅，或在地表之上，或嶙峋，或圆润，或石峰凸起，古树盘绕，虬根如帘。这些岩石皆庞然大物。历代名家或族人留下的摩崖石刻内涵丰富，史料价值高，是葛洲乡的珍贵文物，其中"乡关"二字位于村头出入口，地理方位和乡情融为一体，耐人寻味。

葛洲乡古村落依山而建，俨然突兀在苍山之中，高低错落，古村原址完整，村居古屋沿高低平缓山包依势而造，与青石小路、古榕树、累石浑然天成，乡间韵味、渔村痕迹尽显。山泉汇聚的坑底水库滋养了几百年昌盛的人文。其乡村特色、民居格局、祠堂大观展示着潮汕农村、海滨渔村的特点。

坑口五关涵，葛洲古遗址

在葛洲乡北面，有一处被称为"坑口五关涵"的水闸，其遗迹现已被村道、路桥所覆盖。它曾是滋养葛洲乡农耕生活的"生命之源"，是研究葛洲村居历史文化的一处具码头等水利设施功能的古遗址。在古代潮汕地区的农耕生活中，涵闸、关闸、水闸一向是水渠灌溉的节制性水利设施。葛洲乡临海，挡咸蓄淡、保护农田、排涝除害，是临海乡村赖以生存、保障持续发展的根本措施。

至于葛洲五关涵建于何时，史料上没有明确的记载。村民普遍认为，在创乡之初，先民便在坑口一带筑陂建坛，以挡咸排涝，保护农田。筑建涵栅为创乡之初村中的大事。遇暴雨季节，收归一脉的坑口水汇聚成洪，此时开闸泄洪，排涝入海；遇涨潮海水倒灌，危害农作物，此时关闸以挡咸；遇干旱季节，关闸以蓄水灌溉。保障乡村农业生产，是农耕社会的一项水事活动。南宋时期，朝廷板荡不安，迁居沿海的人口不断增加，潮阳各地普遍存在争水现象。葛洲乡偏居海角一隅，蓄水能养田、聚乡，是一方安静的乡土。

据史志记载，明弘治二年（1489），潮阳县令王銮建通济港时筑闸解决门辟（今汕头市潮阳区关埠镇）一带的排水与防潮问题，潮阳县各地纷纷仿效其治水经验。嘉靖十年（1531），潮阳县令秦秀升疏浚潮河时"设闸以捍冲激"。万历二十九年（1601），"众乡豪于茆港桥之咽泄处筑鱼梁而闸之而籍口于御潮蓄淡……"。这些历史记载迄今已有500年左

葛洲古渡口（陈智生 摄）

右，葛洲乡的坑口五关涵或许启于这些时代的某个时期。至清代，潮阳各地修渠取水、建涵闸节水已经形成风气，各地视水利为农田保水的命脉。最典型的例子是，清道光十八年（1838），潮阳县令吴均、教谕黄钊领修峡山东溪七孔闸，"闸一口七间……又于两渠下注海之处筑闸两座以资宣泄……"，但因道光二十二年（1842）东溪七孔闸"咸水涨溢堤溃涵塞"，吴均又于翌年二月在其南侧实地"另筑新涵五孔"，"资以捍御蓄泄"，此即现存的东溪五孔水闸。而在此之前，半港已经建闸四孔，"旱时用堨储蓄，潦时启涵口宣泄"。[①] 可见，涵口的排涝挡咸得以广泛运用。

葛洲村坑口五关涵关联本村各姓氏。葛洲诸姓氏族人间自古以来和谐相处，大家合力疏浚沟渠，开通涵闸。这座涵闸，以当今的眼光来看，只是区区的小工遗存，但

---

① 参见潮阳县水利志编纂组《潮阳县水利志》，广东省潮阳县水利电力局，1991年，第203页。

就其时生产力水平而言，则足以彰显葛洲先人的豁达与智慧。明代至民国时期，潮阳县各地水事纠纷有五六十起，这些事件中，多因水头、水尾之辩而发生械斗、乡斗，因水事纠纷而诉诸公堂的情况更是司空见惯。现藏于汕头市潮南区峡山街道大宅村卓氏宗祠内的"廉明县王老爷臧立石"碑文，记载了清康熙年间大宅村与邻村的水事纠纷，官司从县衙打至潮州府衙，最后官府明断此案，立石为记。这从一个侧面反映了明清以降潮阳农耕社会的真实情况，也阐述了偏居海滨一隅的葛洲乡民珍视农田种植的文明历史。

  坑口五关涵所在地曾是葛洲码头。葛洲人要到汕头必须坐船。为方便村民出入，码头处筑起一雨亭。雨亭其实不是亭，而是由杉木、泥瓦和石头砌成的两间相连的石屋。乡民在五关内外从事鱼、虾、海螺捕捞及打蚝（获取海底礁石上的牡蛎）等海上作业，外出时乘船搭渡，雨亭用以遮风避雨，因而葛洲人也将此处称为"五关雨亭"。改革开放之初，汕头海湾大桥与礐石大桥建成之前，葛洲人要从此处涉水过海，祖祖辈辈皆如此。一叶扁舟，葛洲人飘荡于礐石海的情景，宛如昨日。一道水路，一段踏出乡关的航程，皆启于此。

给"侯来任"正名

古时葛洲没有立寨门,一组天然的巨石矗立村口,这些天然的石头分出了一条足以行人的村道,高大的石头挡住了冬季强劲的海风,是葛洲镇村之"宝石"。一直以来,村民将这些挡在村口的海石造型称为"侯来任"。葛洲人下海经此,下地劳动也经此,不说话的石头如坚强的巨人般守立村头,成为村庄亲切的大门。岩石缝里长出遒劲的榕树,盘根错节,蔚为奇观。乡亲们望海来此,等候亲人回家也来此,此处成为乡里乡亲闲适时聚集的地方。

"侯来任"何以得名?乡民传说这里曾经是狐狸出没的地方,有时罡风穿过石头,发出古怪的声音,胆小的人认为是狐狸的叫声,"狐狸"与"侯来"之音在潮汕乡间俗语中相同;而"任"字一说是狐狸任意出没,此说有些牵强。客观而言,葛洲创乡之初,四周为荒郊野岭,石块嶙峋处,常有飞禽走兽出没,并不奇怪。但以"侯来任"之名,而非"狐狸任"之名流传,则与本村耆老、乡绅的智慧有关。葛洲乡在清代便有"书房顶",民国时期有"环山半庐"书斋,乡中族彦不在少数,他们对和谐乡村的未来既充满期待,也充满远虑。

清乾隆年间,潮阳知县李文藻感受到潮阳民众抵抗海寇之力,鼓励民众御敌,在海门莲花峰立"天南锁钥坊"[1],

---

[1] 参见饶宗颐总纂,潮州海外联谊会编《潮州志补编》第二册《古迹志(下)》卷九,2011年,第747页。李文藻为清乾隆年间山东知名藏书家、金石学家及文学家。

寓意天南之地，众志成城，固若金汤，坚不可摧。民国六年（1917），举人出身的张兆禧应乡绅张祥耀、张夔宾之约，在葛洲题写"天南锁钥"四个遒劲大字，被置于村民称"侯来任"的地方。是年，张兆禧在此"见其南道两石如门"而题写"乡关"两字。张兆禧之书法遒劲、圆润、饱满，为村民所喜爱，这里自此成为乡人眺望、驻足的地方。葛洲乡绅感受了张兆禧带来的文豪之气还不过瘾，还邀其题写墨宝一并呈现在此处，让它成为葛洲风景。另有"龙蟠虎踞"以及"以奠宗潢安如此石，磷磷一卷蔚为金碧"等题款。

葛洲人多以打鱼为生，四海为家者众，在这海角一隅，杂居着二十来个姓氏的族人。不论是最早的翁氏、许氏、蓝氏，还是后来的张氏，大家都相安无事，和谐相处。至于谁来见证一方太平，担当"一家之长"，乡亲们相互谦让。据葛洲耆老回忆，张兆禧在葛洲开设"环山半庐"书屋（私塾）。作为清末民初的举人，他知道清康熙初年沿海斥地和展复的历史。清初郑成功的部将邱辉据守达濠，达濠不属斥地范围，但康熙斥地民怨载道。关于广东巡抚王来任请求展复的故事，或被他纳入教义之中。书童们口口相传，很有可能把"王来任"误传为"侯来任"，这种口头语在乡村传播时将一个字的发音误传，以讹传讹，情境可当。后来的人们或许无法考究究竟是"王来任"还是"侯来任"，于是望文生义地给予另一种解释。

"侯来任"，何来任？却在无意之间成为一地佳话并流传至今。究竟"侯来任"何以在葛洲口口相传？笔者认为，这与东南沿海曾历"康熙迁海"，葛洲村民遭受巨大苦难有关。后来展复，葛洲乡民感念广东巡抚王来任之恩，便以其名纪念他。如以清康熙七年（1668）展复而论，这段纪念性的口头语已流传300多年；如以张兆禧对村中学子的教谕而流传算起，则有100多年的时间。王来任何许人也？饶宗颐总纂的《潮州志补编》载："王来任，字宏宇，正黄旗汉军举人。康熙四年，巡抚广东。疏陈广东六大害：一夫役，二民船，三采买，四私抽，五诬盗，六擅杀。疏上，敕部议，次第施行。粤民大悦。七年，以讹误还京，病卒。遗疏论粤东边界居民奉檄内迁，流离失所者至数百万，宜令复还故地。诏许之。濒海之民，复归田里，为立庙祀焉。"① 大量史料记载，王来任任广东巡抚只有短短一年时间。康熙四年（1665），王来任以副都御史巡抚广东。看到由于朝廷实行禁海政策，沿海各村惨遭斥迁，流离

---

① 饶宗颐总纂，潮州海外联谊会编：《潮州志补编》第五册《宦绩志 外编》，2011年，第1947页。

葛洲村民称"侯来任"区域的摩崖石刻（袁笙 摄）

失所，民不聊生的景象，他非常痛楚。他奉旨微服巡视，监察地方官员，重惩横暴作恶的官兵。他为人正直清廉，同情百姓之苦，向朝廷力陈迁海之弊，"时粤地屡经寇盗，役赋未减，平靖两藩，轻视民命"①。王来任因耿直不阿，得罪权贵，康熙七年（1668）被诬陷罢官。重病缠身的王来任临终前写下《展界复乡疏》，向皇上奏广东六大害，数列弊端。康熙帝阅疏，方反省迁海之弊，派出官员勘查边界，终允复界。王来任巡抚广东，在沿海各地产生巨大影响。沿海各地被内迁百姓感念王巡抚，立庙以念。创建于清乾隆年间的澄海县（今汕头市澄海区）鸥汀村横城古庙（俗称"二王爷庙"），庙内供奉"二王爷"和两位夫人塑像，同时供奉"钦命广东巡抚王来任"神位和"钦命两广总督周有德"神位，这是本地民间供奉王来任的重要例证。位于今深圳市宝安区西乡街道西乡社区真理街和巡抚街交界处的"王大中丞祠"是纪念广东巡抚王来任的祠宇，此为深圳纪念王来任之唯一遗存。

---

① 〔清〕郝玉麟等监修，鲁曾煜编纂：《广东通志》卷四十二《名宦志》，清雍正九年（1731），第10页。

据《潮阳县志》记载，清康熙三年（1664），潮阳招收都及砂浦都皆在斥迁之列，葛洲乡属砂浦都。关于斥迁这段历史，即康熙三年至七年（1664—1668）的4年时间，史料没有具体记述其时百姓的生活状况。而据澄海《樟林沧桑录》一书援引《粤游记略》所述："断墙残壁，骷髅枯骨，隐现草间，乡村墟市尽废，目睹一片荒凉"①，可见潮地沿海乡村其时之惨状。"……澄海斥地五年，被迫离乡背井，因饥寒而死于他乡者不计其数。复界后，幅员虽无改变，但人口却已锐减。广东巡抚王来任，目睹当时沿海哀鸿遍野，田园荒芜，临终之前，于康熙七年正月十三日草拟遗疏，提出：'未被迁斥界内之民，日苦派札，已迁斥之民，则流离失所，无以生计，死丧频闻。'并认为'欲使民不困苦，需将迁之界速解其禁，使迁民复业耕种，或煎晒盐觔，将外内河桩栅撤去，由民采捕。'疏上之后，两广总督周有德等奉旨巡勘沿海，曾与吴总兵两翼驻扎龙船岭观盗十余日。后绘图上疏，向清廷请求复地恤民。得准。遂于康熙八年三月初七日发《安定柘林、樟林、南洋汛地兵营牌》。澄海全县，才算展复。"②由此，潮阳招收、砂浦两都情景亦可见一斑。

在"康熙禁海"这段历史中，广东沿海地区百姓对王来任的敬佩、感戴非同一般，人民遭受漫长的苦难后，因为王来任而得以重回家园、骨肉团圆，百姓为此刻骨铭心。当王来任因得罪权贵而被罢官时，全社会轰动。"初，来任之罢也，里排潘世祥等百余人诣阙请留，既至，闻其卒，痛哭而还。"③后人深有感慨，有诗为记："百万生灵尽倒悬，不堪故老说当年。孤臣奏议千行泪，昭代文章第一篇。"（刘翰长《读王大中丞展界疏》）"海禁当年急，哀鸿实可伤。三宜陈血泪，八郡挽流亡。报国捐残命，苏民尽热肠。江乡遍旧德，俎豆永苞桑。"（何梅《谒王大中丞祠》）④

葛洲人长年劳作于海上，念其年斥海之苦，对为民请命的王巡抚来任感念不已。以此一念，可见葛洲人一贯的信达和感恩之情。据此史实，口头流传的"侯来任"大

---

① 李绍雄：《樟林沧桑录》，政协澄海县委员会东里镇联络组、澄海县文学艺术工作者联合会内部印本，1990年，第28页。

② 李绍雄：《樟林沧桑录》，政协澄海县委员会东里镇联络组、澄海县文学艺术工作者联合会内部印本，1990年，第28页。

③ 饶宗颐总纂，潮州海外联谊会编：《潮州志补编》第五册《宦绩志 外编》，2011年，第1947页。

④ 参见麦应荣《广州五县迁海事略序（附录）》，见简又文、叶恭绰《广东文物》中册，广东人民出版社2013年版。

葛洲摩崖石刻（陈智生 摄）

有"王来任"口传之虞，是以"王来任"给村头处冠名。以地名纪念历史人物的情况，在潮州府地早已有之，最典型的是为纪念唐代大文豪韩愈刺潮"八月为民兴四利"而山河易名，潮州双旌山改名为"韩山"，恶溪更名为"韩江"。以纪念韩愈而命名的遗迹更是繁多，如"景韩亭""韩祠""昌黎路""昌黎小学"等。葛洲人回顾斥地之苦，感念展复之恩，纪念王来任，当与潮州府地纪念韩愈一样，体现了葛洲淳朴的民风，也体现了葛洲乡历来就有的感恩的传统，这在此后大批侨胞反哺家乡的善举中可见一斑。

以此，"侯来任"应为"王来任"。

沧桑历史话葛洲

从地域的角度而言，达濠的历史深刻地影响着葛洲的人文。明清时期，达濠城与海门遥遥相对，是潮州府在沿海重要的据守地。葛洲毗邻达濠城，瞭望山山南为达濠，山北为葛洲，一座山隔开不同的社情。达濠人烟辐辏，毗邻濠江，河渡口向为商船、海寇出入之所。在达濠跌宕起伏的动荡年代，葛洲因为位于"山外"而相对平静，但百姓感受的域地历史变幻同样惊心动魄。

明清时期的葛洲

明嘉靖三十八年（1559）冬，倭寇始入潮阳。自此沿海边民生活备受磨难，邑地民众感到前所未有之恐慌。为了捍卫赖以生存的乡土，沿海一带士民、督兵对入侵者予以英勇还击。翌年，倭寇据守在潮阳贵山都（今汕头市潮阳区贵屿镇）一带，都指挥武尚文及兵勇、乡民顽强御敌，连战皆捷，毙倭寇390多人。[①] 倭寇没有就此罢休，转向揭阳、海阳一带袭扰。嘉靖四十二年（1563）三月，倭寇又一次大肆入侵潮阳，潮阳知县郭梦得协同士民、督兵英勇抵御，屡建奇功。

清初，郑成功收复台湾之后，康熙元年（1662），清廷采纳内阁大臣苏纳海和鳌拜提议，以"海氛不靖"为名，一方面，"命自南京至广东，凡距海要岸四十里之家屋城市，悉行

---

① 参见广东省汕头市地方志编纂委员会编《汕头市志》，新华出版社1999年版。

齐心协力（葛洲人因海而生，葛洲有造小渔船的传统。图为新船下水。郑华洲 摄）

毁坏，人民迁徙内地"[①]；另一方面，东起广东饶平大城所上尾里，西至钦州防城，筑墩台73座，并大量屯兵防守海疆。

清康熙初年沿海的斥地政策，给沿海百姓带来极大的痛苦，民怨载道。受波及的潮阳招收、砂浦两都各乡皆蒙受其灾。葛洲村亦是，村民流离失所，或投亲靠友，或出海避难，哀鸿遍野。《潮阳大事记》载："康熙元年（1662），为断绝沿海图里接济郑成功反清，吏部侍郎科尔坤、兵部侍郎介山等奉命督令滨海居民内迁50里，并筑小堤为界。严禁越界下海，违者处死。康熙三年（1664）又令续迁。本县先后有直浦、竹山、招收、砂浦、隆井5都和附廓、峡山、举练3都之半，共186个图里被

---

① 李绍雄：《樟林沧桑录》，政协澄海县委员会东里镇联络组、澄海县文学艺术工作者联合会内部印本，1990年，第27页。

迫内迁。"①

康熙八年（1669）正月，招收都马滘人邱辉拜于郑成功遗部郑经（郑成功之子）门下，继续执反清复明大旗，盘踞达濠为营。他领郑经之命，在潮汕各地大量攫取粮草以养守台之兵。是时，邱辉领兵出河渡门，进海门港，溯练江而上，攻取和平、峡山、贵屿、赤寮（今汕头市潮阳区谷饶镇）等村寨，出没于潮阳、普宁、惠来、揭阳（今揭阳市区）等县百余乡，并在小北山的大寨山、狮鬃山安营扎寨，控制并沟通普宁、揭阳一带，作为外围据点，以巩固达濠根据地。达濠原为与陆地相隔的临海小岛，四面水路，与清军对阵具有绝对优势，邱辉部兵熟悉水战，死守达濠。

翌年，奉郑经命令，邱辉在达濠开设商埠，发展渔盐贸易。明清以来，韩江干流一向为"南盐北米"的重要通道，清政府在韩江广济桥设置盐检司，收取"箩税"。为保障对郑经台湾屯兵的支援，邱辉在达濠兴行渔盐商贸，凡供闽、粤、赣边的商盐要上潮州广济桥，均须领票才能出港。邱辉无视清政府的盘剥，实行这一项措施，且先行一步，获得收入，成为支援台湾的又一经济来源。邱辉屯聚达濠抵抗清军，让被斥地的民众有了观望的机会；但域地居民遭受其苦，自不用说。

移民海外的葛洲人

"华侨移殖国外，以南洋为最早。其移殖之初期，当在汉朝。东汉光武帝十八年时（公元42年），汉伏波将军马援侵交趾，部将留守者多，传称马留人。至晋代有高僧法显赴印度求经，由狮子国（今锡兰）乘商船回国，遇风飘泊耶婆提，当时或有少数华侨居住在此。唐末黄巢起义时（公元879年），华侨大量南移。唐、宋二代中南互市，中国以茶与生丝向南洋交换香料，华侨移殖者全盛，迨于明、清，称华侨曰唐人。可见唐代移殖之盛，此我中华民族与南洋群岛发生二千年历史关系之铁证也。元代征服安南、缅甸、爪哇及北婆罗洲。明郑和七下南洋，为华侨移民更盛时期。自欧人东来，殖民于南洋，虽有惨杀及苛待华侨之举，然地域开阔，随在需人，非利用华侨不可。19世纪南洋之华侨，其数激增，可分二类：自由移民及契约移民。20世纪

---

① 中共汕头市潮阳区委党史研究室、汕头市潮阳区地方志办公室、中共汕头市潮南区委党史研究室、汕头市潮南区地方志办公室编：《潮阳大事记》，自印本，2003年版，第29页。

之初，国内不靖，天灾人祸，相迫而来，亦为促进南移之一原因也。"① 潮汕先民来自中原，中原板荡时期，潮汕先人筚路蓝缕，一路南下，成为世界上较早的敢于远征的族群之一。历代潮汕移民海外者，多因战乱、地理环境恶劣、侵略者压迫甚至"卖猪仔"（意为贩卖人口）而逃难，寻求生计，他们的沧桑历程筑成了中国历史上的"南洋古道"。

葛洲先民迁徙时，一路选址，不止一次地寻找生命所依。在濒临南海的这个地方，与陆地一海之隔的独特地理环境，加上发生在潮地风起云涌的抗元斗争、反清复明斗争、新民主主义运动，谋生、逃亡、商贸、贩运等对葛洲人产生了深刻的影响。他们当中总有敢于去搏击风浪的远征人。在寻找到谋生的新境地的时候，葛洲人有着区别于其他下南洋者的谋生模式，那就是家族式的迁移。葛洲人将聚族而居的传统带到南洋，在当地形成了信誉度高的族群商业机构，无意之间避开了殖民者对本土失业劳动力的觊觎，避免了被"卖猪仔"。有了这样的族群合力，在异国的葛洲人秉承潮汕人诚信为本、与人为善的传统，在他国立足并发展，涌现出不少商号、铺号、码头及其他实业。

葛洲人下南洋，以清代和民国时期为主。清道光年间（1821—1850），葛洲人张盛著到越南谋生，创办"和顺发"商行。之后，和顺发先后由其后代张俊英、张锡鸣、张锡鹦等管理经营，1937年，因越南经济出现严重凋敝而被迫歇业。和顺发在沉寂了50年后，由后代张美兰重新唤醒，改名为"万盛发"，延续至今。清光绪年间（1875—1908），葛洲人张欣廷到香港谋生，在潮汕人经营的"南北行"帮工，经常往返于暹罗（今泰国）与香港之间，并在当地成家立业，蔚成后来的以张恭良、张恭荣兄弟为代表的家族企业。民国时期，葛洲人张祥耀、陈训庭先后在中国香港以及越南经商。张祥耀回到家乡葛洲捐资修建了800米的青石板路，邀请举人张兆禧在村头题写韵味隽永的摩崖石刻"乡关"等；陈训庭回到葛洲乡兴建了第一座南洋、西洋风格的建筑物——训庭别筑。

葛洲人聚集于越南南部地区，前期先民在当地发展实业，带动村民大举移民聚居，参与当地的农贸等商业活动，因此形成越南"小葛洲"。

---

① 李长傅：《南洋华侨概况》，转引自王琳乾、吴坤祥辑编《早期华侨与契约华工（卖猪仔）资料》，潮汕历史文化研究中心、汕头市文化局、汕头市图书馆，2002年，第5页。

由于葛洲独特的海滨乡村的特点，早年从事水手、船舶驾驶等船务的人员有几百人，他们常年在海上工作。目前定居海外（境外）的葛洲人主要在越南、泰国、新加坡、马来西亚、美国、加拿大、澳大利亚以及中国香港等地，葛洲村90%以上的村民有海外关系。改革开放至今，葛洲与香港之间每天有一趟巴士往返，几十年来日日如是，这是极其罕见的一座内地乡村与香港的交通和人文的对接。

越南是葛洲人在海外首选的谋生地

中国和越南山水相邻，越南是潮汕地区民众移居海外路程相对较近的国家。早在秦代到五代十国时期，越南大部分地区处于中国封建王朝的统治之下。文献中有越南占婆（又称"占城"。大约北起今越南河静省的横山关，南至平顺省潘郎、潘里地区）首领向中国封建王朝朝贡的记载，可见其与中国往来的历史渊源深厚。越南是得天独厚的"鱼米之国"，国土耕地面积约500万公顷，湄公河、红河及沿海地带为主要的稻作区，多数地区达到一年三熟。越南的矿产资源等自然资源丰富，吸引着邻国的人民侨居于此。南宋以前，潮人开始零星移居安南（今越南），从宋末至20世纪50年代，潮人移居越南的人数呈不断增长的趋势。① 南宋时期，元兵大举南下，潮人参与抗元斗争者众，许多潮籍将士因抗元失败而逃居交趾（今越南北部）和占城。元、明、清三代，潮州各县自然灾害频繁发生，即使是在清朝的"康雍乾盛世"，潮属各地自然灾害仍然接连不断，共发生水灾102次、风灾96次、蝗灾10次、地震33次、瘟疫7次。1922年"八·二"风灾中，潮属各县田园被淹没，庐舍倾倒无数，被溺死者共34500人。清同治三年（1864）、光绪六年（1880）以及1918年、1947年，潮汕地区都发生大水灾，大批灾民无家可归，子啼娘号，哀声盈野。1943年，潮汕地区发生大饥荒，饿殍载道，饿死、病死或逃荒死于途中者不计其数。② 许多难以生活下去的潮人为寻求生计，纷纷漂洋过海，移居东南亚等地，其中相当一部分人移居越南。潮地曾流行"过番先去安南"的说法。旧时许多贫困的潮人仅带着一只竹篮（行李）、一条水布、一根扁担，泪别父母、妻儿，离乡背井，孤身踏上未知的人生路。

---

① 参见杨群熙著《潮人在越南》，（香港）公元出版公司2003年版，第6页。
② 参见杨群熙著《潮人在越南》，（香港）公元出版公司2003年版，第6页。

葛洲与陆地相隔,乡民长年累月生活在海边,靠海吃海,与海搏斗,造就了肯吃苦、敢于搏击惊涛骇浪的秉性。葛洲乡民移居海外,多不是由于"流亡""卖猪仔""饥荒"等原因,但潮人大规模向海外移居的风气深刻影响着葛洲乡民。他们走向海外有其独特的原因:一是历史上村落受海盗袭扰严重,三易其所,部分村民寻求向外发展;二是受封建统治阶级盘剥,加上遭遇潮汕大饥荒等自然灾害而另寻出路;三是汕头开埠带来的商机契合葛洲人开展渔业活动的经验和胆识,他们勇于向海外出发,挑战命运;四是结亲同行,积聚"亲不亲、故乡人"的传统力量,开始异地生活。在越南的初期,葛洲人便发挥潮商善于分析、善于抢占商机的秉性,秉承潮人诚信、为善、善于经商的传统。先民在越南开办的商号、铺号位于华人聚居的越南西贡(今越南胡志明市)地区,该区庞大的稻作农业区极需贩运、加工和相关配套生活设施建设。初来乍到的葛洲人充分利用自身的生活经验和谋生经历,开展内河水上运输、码头建设、堤岸①碾米、劳工行、商场经营等活动。在劳力欠缺时,适逢大批潮人来到越南,这些寻求生存的潮人成为堤岸商号、码头和水上运输业的重要帮手。这既为这些失去土地来到异国的乡亲解决了在当地就业的问题,也加强了"潮州帮"的有生力量。

潮汕失陷时期的葛洲

民国二十八年,即1939年6月21日,端午节。当天凌晨4时,日军对达濠进行空袭。日寇从东湖乡登陆,兵分两路,其中一路沿着葛洲至澳头攻占澳头水雷队部。水雷队部因寡不敌众而被迫退却。日寇当天上午分为三路乘船或沿公路直扑汕头,汕头沦陷。②

民国二十九年,即1940年4月29日,伪潮阳县政府在达濠成立。5月,日寇驻军小椋大尉三次致函潮阳县县长沈梓卿,企图诱骗其投降。沈梓卿对此置而不理,日寇便大肆掳掠潮阳县警察。5月中旬,日寇扣留了30余艘帆船,从澄海调来向佩璋部的1300名伪保安队员围剿达濠。14日,100多名伪保安队员围剿河西未得逞;次日拂晓,又有近200名伪军分三路来犯,一路由青蓝窥探凤岗,一路由西墩窥探马

---

① 堤岸是越南胡志明市最古老的地区,越南唐人街亦位于此。
② 参见郑耿生编著《凤岗笔记》,汕头大学出版社2018年版,第104页。

滘，一路由葛园窥探冈背。日寇妄图围歼凤岗、马滘和冈背等地，在枪炮的掩护下，攻陷了凤岗和马滘两村。不久，我潮阳援兵飞速而至，攻克并收复了凤岗。日寇则构筑防御工事顽抗，并架桥通向河东。翌日凌晨3时许，沈梓卿亲自抵前线督战，下令三路发起冲锋。日寇力不能支，放弃马滘仓皇渡河，来不及乘舟者皆跳入水中潜逃，敌兵落水死伤者100多人。对岸的日寇恐我方猛追，开枪扫射。16日凌晨4时半，马滘得以收回。这次战役日寇损失颇重，而我方大有斩获。7月3日，伪保安大队长马腾芳在葛洲被潮阳国民兵团特务中队击毙。这就是"六月大败寇于马滘"事件。①

上述事件虽然发生在澳头和马滘，但葛洲乡同样受波及，村民胆战心惊。潮汕失陷期间，由于海路、陆路受日寇豢养的日伪政府封锁，物资奇缺，民不聊生。日伪治安巡防狐假虎威，日夜加强巡防，甚至烧杀抢掠，无恶不作。1941年12月，香港被日寇占领，香港沦陷。在1941年12月至1945年8月香港沦陷的3年零8个月的时间里，许多定居香港的葛洲乡民纷纷回乡投亲靠友，希望避过这最黑暗的年月。原本在香港行医的葛洲人张恭良先生离开香港，到重庆继续行医，他曾组织医疗队奔赴抗日前线。张恭良的二弟张恭钦流落在广东兴宁、韶关一带，饥寒交迫。其在上海读书的15岁的三弟张恭荣也因上海沦陷，邮路中断，没有大哥的经济支持而被迫回到葛洲。不料汕头也沦陷，葛洲同样遭遇日寇的封锁，"有脚行无路"。他与母亲相依为命，以地瓜勉强度日。当时不少被迫蛰伏于本村的有志之士目睹乡村被日寇蹂躏，不堪忍受痛楚，冒死离开家乡，寻找出路。

葛洲乡地处海角一隅，地少人多，在饥荒年代，生活成为沉重的话题。村民耕种的作物以旱园庄稼为主，绝大部分家庭需要海上捕捞补给养家。在国难当头的日子，许多依靠侨汇的家庭因邮路断绝，生活难以为继，境况凄凉。这是潮汕失陷时期葛洲人民的生活情景。

一座村庄，遭遇国破家败后的荒芜，乡民冀盼生活的自由和解放。

---

① 参见饶宗颐总纂《潮州志·大事志·民国》，汕头：潮州修志馆，1949年。

奔跑吧,少年(翁纯青 摄)

第二章

祖祠文化　怀抱祖德

> 凡世家望族，有许多是由中原迁往的，有些人家并能由家谱追述其历代迁移的概况。在闽南的乡村，其著名的氏族，大致是有家谱的，即自闽南迁往南洋的人家，有些亦保存此习惯。
>
> ——陈达（清华大学教授）[1]

---

[1] 陈达著：《南洋华侨与闽粤社会》，商务印书馆2011年版，第20-21页。

葛洲翁氏：肇启清江话"六桂"

葛洲之名，肇启于清江。清江在何处？清江即福建莆田黄石镇青浦村，翁氏原城第四十四世普珠公之后为"黄石清江"派系。葛洲乡翁氏，即普珠公之后。翁氏遵循祖训，视卜居达濠之地为清江乡。因清江乡遭海寇袭扰，后移居到凉亭，之后再定居现时村居所在地。葛洲乡传说中最早的居民为蓝、许、翁姓人家，翁氏家谱的记载让我们得以明晰葛洲创乡的准确时间。

"清江"肇启葛洲创乡岁月

《翁氏家谱》簿序里有一篇《续修翁氏族谱序》，作者是"宋哲宗元祐四年岁次己巳（1089）十二月十五日国学进士常侍九世玩石"。翁玩石在序中说："……而廷皞公生补阙乾度公，乾度公生六子皆进士，长处厚居莆城刺桐花巷，是谓朱紫坊翁，今清江一派乃其后也。"这里阐述了翁乾度的父亲是翁廷皞，翁乾度有6个儿子先后中进士，可谓凤毛麟角，被誉为"六桂联芳"。此六进士依序是处厚、处恭、处易、处朴、处廉、处休。处厚居福建莆田兴福里竹啸庄刺桐巷，后避乱于甘肃省敦煌县（今甘肃省敦煌市）、鸣沙山之麓关石室千条，号称"敦煌石室"；[①] 处易、处朴、处廉居于祖居地莆田竹啸美栏，竹啸美栏由翁氏第三十五代翁何开基，翁何即莆田竹啸

---

① 参见新加坡翁氏总会《六桂堂源流》，见《翁氏举登族谱》，潮汕翁氏联谊会蓬州第内分会出版，1995年，第11页。

葛洲翁氏祠堂（陈智生 摄）

翁氏始祖；处恭、处休居涂洋、东林。此六子所居之所皆繁衍成族，因之有竹啸、涂洋、东林翁氏。"第六桂"处休之第十二世孙翁雄，号秀峰，明洪武二年（1369）由福建莆田埭头东林乡迁居广东潮州的揭阳鮀浦（今汕头市金平区鮀江街道）举登乡，为举登翁氏始祖，明嘉靖兵部尚书翁万达即为其第七世孙。①

《翁氏举登族谱》里另一篇《重修清江翁氏族谱序》，为"明正统九年（1444）

---

① 参见翁奕波《翁氏入潮及其繁衍》，见陈泽、吴奎信主编《潮汕百家姓》，（香港）公元出版有限公司2005年版，第303页。举丁、举登为同一村名。

"六桂旧家"（陈智生 摄）

甲子秋七月朔，六桂十四世孙修职郎国子监助教瑛玉"所写，该序复述了"长处厚、次处恭、处易、处朴、处廉、处休，俱登进士第，时号六桂。处厚三传至景先公，次子普珠，字邦瑞，官至朝奉大夫，复迁清江"[1]。清江始祖普珠公，为北宋熙宁二年（1069）朝奉大夫，生有二子，长子翁守仁（字元）绍圣元年（1094）第五甲进士，官著作郎；次子翁守义（字亨）随普珠公由闽入粤，于元丰二年（1079）卜居澄海樟林，现存翁厝祠一座。而普珠公墓在程洋冈（旧称"大娘巾"。位于汕头市澄海区莲

---

[1] 翁瑛玉：《重修清江翁氏族谱序》，见《翁氏举登族谱》，潮汕翁氏联谊会蓬洲第内分会出版，1995年，第2页。

下镇）鸡安山，该墓后因故被废无踪。关于"清江翁氏"，明正统十三年（1448）夏五月中浣南京国子监助教左郎太和欧阳贤又作《清江翁氏族谱序》，强调"拆居莆田里清江，子孙蕃盛，读书守礼"①。

翁氏族人普遍认为，原城第四十五世翁守义公之后善洽公（第四十六世）由樟林迁入葛洲。潮汕历史文化研究者翁奕波先生认为，翁亨的长子翁善洽原居福建，后由福建迁居葛洲，为葛洲翁氏始祖。② 现葛洲翁氏祖祠在族谱上录为"潮阳葛洲翁氏善洽公祠"。③

"六桂联芳"源自北宋翁乾度（翁氏第三十九世）一家的故事，当时轰动莆城。翁乾度（898—951）字用亨，莆阳兴福里竹啸庄人，为王潮之弟王审知所建闽国的补缺郎中。五代后晋天福年间，闽国被南唐和吴越瓜分而亡。翁乾度为避难，携眷归隐莆田竹啸庄，并将六子依次改为洪、江、翁、方、龚、汪六姓。翁乾度六子于宋初年三次科举，先后中进士，即所谓"三科六进士"，并跻身仕途。长子名处厚，字伯超，分姓洪。宋太祖建隆元年（960）登进士第，官至礼部员外郎兼殿中丞，上柱国赐绯鱼袋。娶夫人吕氏，由莆田兴福里竹啸庄迁徙至莆田城厢朱紫坊，购陈垣宅居之，号称"刺桐巷"。④ 次子名处恭，字伯虔，分姓江。宋太宗雍熙二年（985）进士，官拜泉州法曹。三子名处易，字伯简，留本姓翁。建隆元年与长兄同榜进士，官至南剑少尉。四子名处朴，字伯惇，分姓方。宋太祖开宝元年（968）进士，官拜都曹长判官。五子名处廉，字伯约，分姓龚。开宝元年与四兄同榜进士，官至大理司、监察御史。六子名处休，字伯容，分姓汪。雍熙二年与二兄同榜进士，官拜朝散郎、诏州判官。当朝六兄弟齐荣，显赫一时（见表2-1）。北宋（960—1127）的167年间，"六桂"皆为原城翁氏第四十代，至第四十六代迁入葛洲，葛洲翁氏可追溯到北宋末年，最迟为南宋初年（约1127）。这个时间为葛洲乡创乡的基准时间，迄今已有800多年的历史。

---

① 〔明〕欧阳贤：《清江翁氏族谱序》，见《翁氏家谱》，蓬洲翁氏永锡堂出版，1996年，第543页。

② 参见翁奕波《翁氏入潮及其繁衍》，见陈泽、吴奎信主编《潮汕百家姓》，（香港）公元出版有限公司2005年版，第302页。

③ 参见《翁氏家谱》，蓬洲翁氏永锡堂出版，1996年，第518页。

④ 参见《翁氏家谱》，蓬洲翁氏永锡堂出版，1996年，第41页。

表2-1 翁氏（翁乾度）"六桂"一览

排序	分姓	名	字	科 举	官 职	简要经历	避乱之地（因胡夷入侵）	祠堂灯号	堂号
长子	洪	处厚	伯超	北宋建隆元年（960）进士	礼部员外郎兼殿中丞上柱国	胡夷入侵，避乱于甘肃敦煌鸣沙山麓石室千条	甘肃省敦煌县（今甘肃省敦煌市）鸣沙山麓石室	敦煌	—
次子	江	处恭	伯虔	北宋雍熙二年（985）进士	泉州法曹	胡夷入侵，避乱于山东省济阳县，后投奔河南淮阳，化为"江"姓，收复残部，助四弟克复洛阳	山东省济阳县（今山东省济南市济阳区）	济阳	淮阳堂
三子	翁	处易	伯简	北宋建隆元年（960）进士	南剑少尉	部署洛阳东部盐官村，胡夷冲至，掩护父母及兄弟退却，坚守10昼夜，最后殉难	河南省洛阳县（今河南省洛阳市）盐官村	盐官	—
四子	方	处朴	伯惇	北宋开宝元年（968）进士	都曹长判官	胡夷入侵，逃走开封。隐匿乡间。顾念三兄，奋起重整军，进剿胡夷。会二兄于方城山，侧击胡夷，收复洛阳	河南省开封县（今河南省开封市），收复洛阳	河南	—
五子	龚	处廉	伯约	北宋开宝元年（968）进士	大理司、监察御史	城池失陷，与六弟扶父母从洛阳仓皇出逃。越湖北武胜关，遭胡夷伏击，父、弟失散，单枪扶母冲出重围	—	洛阳	—
六子	汪	处休	伯容	北宋雍熙二年（985）进士	都散郎、诏州判官	（承上）自与五兄扶父母避难，遇伏击，与父中途脱险，落入民间，以卖文为生。至平阳县而居，教诲百姓耕织十余载，深得民爱。后受命治闽，定居兴化府莆田县（今福建省莆田市），辟地以居。乾度公寿终于莆田	—	平阳	—

资料来源：新加坡翁氏总会《六桂堂源流》，见《翁氏举登族谱》，潮汕翁氏联谊会蓬州第内分会出版，1995年，第9页。制表：陈伟家。

葛洲翁氏，尽遵祖训

福建莆田翁氏为东南望族，子孙行迹遍布四海，祖训成为其心中的明镜。

葛洲翁氏几经辗转，卜居海角，开始了耕海捕捞、稼穑的生活。他们从清江乡三迁其所，最后的定居地杂姓同居，改称"葛洲"。翁氏"六桂堂"极其珍惜祖先这一脉辉煌的历史，其族谱《六桂堂铭》中满怀深情地叙述："……同宗兄弟数人俱登科第，则举世乃一见；同胞兄弟数人，则旷亦仅见焉。……今子其无以屈身刁笔（即凋敝）为不足以绳祖武，当冀他日追风掣电，一鸣千里，其功业政事，无忝厥祖可也。"其下为四言20句，其中不乏嘉勉之辞："曰有闻孙，克慕厥美。尚慎旃哉，期绍先轨。"[①] 在《六桂祠碑文》中，一千余字的铺叙，字字句句，劝勉子孙后代缅怀祖德，继往开来。碑文的用意在："恐子孙后无知也，揭已告之"[②]。存于莆田黄石镇清江六桂大宗祠内的六桂坊文物——"宋代六桂坊"，翁氏族人均视为珍物。

翁氏落地葛洲，与众姓氏聚居一地，是在明嘉靖年间。翁氏出了秀才（庠生）翁子淡，这是葛洲翁氏的一件大喜事。翁氏在其居住地的一块大石上刻"莆邑翁六桂之后"，题款者为"庠生翁子淡志"，时间在"嘉靖壬子春"。一来昭示翁六桂后继有人；二来展示翁氏在诸姓同居的乡朋中颇为出色，以资鼓励。这是旧时潮汕地区"读书望贵"的传统佳话。嘉靖元年壬子年为1522年，迄今已有近500年的历史。这处石刻是笔者随广东省古村落专家评审组走访时首先发现的，原来的巨石前是一处破旧老屋。葛洲乡对此高度重视，及时予以保护。这是整饬乡土文化过程中的又一收获。其摩崖石刻比葛洲村头"天南锁钥""乡关"等要早近400年，是极其珍贵的乡土文物，经几百年风雨依

葛洲现存最早的石刻为翁氏于明嘉靖元年（1522）所刻，迄今已有500年的历史（陈伟家 摄）

---

① 《六桂堂铭》，见《翁氏家谱》，蓬洲翁氏永锡堂出版，1996年，第494页。
② 《六桂祠碑文》，见《翁氏家谱》，蓬洲翁氏永锡堂出版，1996年，第505页。

葛洲翁氏民居里的西洋人物壁画及精美灰塑（陈江河 摄）

然清晰如新，堪称镇村之宝。

葛洲翁氏善洽公祠的渊源来自"翁六桂"，建于清代，为硬山顶一进潮式传统建筑，其飞檐、壁画、石刻、灰塑皆精美，彰显大家族风范。保存完好的翁氏老厝、儒林第为葛洲乡最早出现的翁厝族居大院（大落厝），也是目前葛洲乡尚存的古老的潮式建筑之一。这座大院居于村落的中心位置，占地面积约为400平方米，建于清代，门楣牌匾处"儒林第"三字清晰可见，为"三座落"格局，分为前、中、后三厅，称为"三进、两天井、四厅、六房"的大"四点金"格局。儒林第依地势而建，后进比中进高，中进比首进高，踏进大门往里走，有"步步高升"之意。

随着葛洲乡民向海外发展，翁氏人家也随着历史的变迁移居海外谋生，其中不乏优秀人士。据翁氏族人介绍，移居海外的翁氏先人，在海外谋生的过程中，不忘祖训，勤耕力作，善于经商。葛洲翁氏十八世祖"英哥"下南洋，到安南谋生，在西贡建有4个码头和客栈，在当地雇用了不少劳工。他发家之后不忘家乡，回到葛洲兴建"六桂旧家"。"六桂旧家"迄今约有200年的历史，为硬山顶三进式"驷马拖车"格局，左右"伙巷"、"后包"、伙房错落有致，格局完整。整座宅院保存完好，木雕、石雕、壁画等的细节仍清晰可见，修建时的奢华程度可见一斑。翁氏人家在这样的地方仍保留着莆田望族的风范，裔孙勤读诗书，饶有寸进，是村中的耕读世家。

葛洲张氏：俎豆千秋德馨远

葛洲张氏以东墩（今汕头市金平区广厦街道）怀远堂四世祖祯祥公为本村一世祖，按其卜居葛洲算起，张氏人家于明朝嘉靖三十五年（1556）前后来到葛洲定居。这个时候，葛洲乡村已从清江、凉亭迁址葛洲。张氏虽然不是创乡者，但张氏的先人敬畏昔年筚路蓝缕的先民，尊崇一路而来的诸姓氏创乡元老，凭"厚德""立行""文传"的影响力，继续焕发一座村庄的生命活力。祯祥公崇尚儒家传统道德，来到葛洲后以教书为业，在葛洲传道、授业、解惑，受到葛洲人的尊敬。葛洲淳朴的乡风以及海天阔远的生活环境深深地吸引了这位敢将异乡当故乡的人。他启蒙葛洲的学子，也与先来的翁六桂、葛园陈氏等姓氏后人和谐共处，将乡村的儒学之风继续发扬。他喜爱葛洲清新秀美的海滨环境，几经艰苦创业，勤俭持家，立德立言，与邻里守望，蔚为村中大姓。

葛洲张氏宗祠怀远堂辈序联为"文开兴发祥，宗宏盛俊士"，这是中国传统村落一向尊崇的儒家思想。初来乍到的张氏人家以德为先，文脉昌达，家风儒秀，瓜瓞绵长，一代代有为的张氏青年在乱世中不畏艰辛，始终尊崇祖先遗训"宜勤于学，仕宦名扬；宜耕于田，宜兴各业；宜忠职守，韦修厥德"①，将"修身、齐家、治国、平天下"的思想贯穿起来。张氏在这座村庄表现出的贤达，葛洲人有目共睹。他们即便奔赴

---

① 怀远堂理事会编：《东墩张氏怀远堂先祖遗训》，见《汕头东墩张氏怀远堂族谱》，2007年，第60页。

葛洲张氏追远堂屋面立体瓷画（袁笙 摄）

万里之遥，也心念故土，不忘桑梓，反哺故乡。张氏人家在26姓盈盈一乡桑榆中备受尊崇，而又芳馨及人，香远及乡。

张氏人家渊源

我国张氏先祖，以黄帝来到古代冀州清河流域（今河南省濮阳市）为历史地理节点，张得姓于黄帝第五子、发明弓矢的张挥公。远古至秦，张氏子孙主要定居于以黄河流域为中心的右冀州大地。秦汉时期，随着中央集权以及国家的形成和发展，张氏先民不断向四周拓展，从黄河流域拓展到长江流域，进而拓展到珠江流域。《清河百忍族谱》记述了这个过程：张氏祖脉在清河，后因子孙众多迁入徐州，逐步南下，在2000多年的发展中，形成了瓜瓞绵长、枝繁叶茂的张姓脉系。

在我国历史上，由于战乱和社会动荡、变革，中原人曾经有过三次大规模的南迁活动。作为中原汉族人的张氏族人，在2000年前便开始了南迁。其三次南迁如下：第一次发生在西汉末年王莽建立新朝之时，张氏祖脉在清河，后因子嗣者众而迁入徐州，逐步南下。西汉元始元年（公元1年）九月，张氏族脉之一先祖携亲带故过扬子江（即长江），分往下塔衢州（今浙江省衢州市）、抚州、福州、韶州（今广东省韶关市）、赣州、汀州（今福建省长汀县）等处；另一先祖迁往建州（今福建省建瓯市。古属建宁府建安县，介于武夷山与鹫峰山之间）；再一先祖迁入湖州。第二次发生在东晋至南北朝时期。中原发生"永嘉之乱"、少数民族南下，中原板荡，分崩离析，张姓先民为了求生，离乡背井大举南迁。到了唐朝，张君政南移至广东韶关曲江。张君政有6个儿子、14个孙子、29个曾孙，曾孙辈以唐朝宰相、诗人张九龄最有名。第三次发生在北宋末年，其时金兵南下，张氏先人被迫继续南迁福建，最先入闽的是张明谦（字寓山，号建城）。他历任贵州都匀府尹、中丞大夫，致仕后到江西贵溪龙虎山拜谒张道陵之墓及天师府，沿武夷山南下至汀州宁化县，爱其山水名胜，遂迁居石壁堡，被尊为张姓入闽的开基祖。张氏先民正是在这些重大历史事件中一再向南迁徙，避乱谋生。

张氏祠堂内景（钟荣青 摄）

怀远堂族谱（陈伟家 摄）

在潮汕，张姓入潮者大多为唐宋以后的北方移民。迁入粤东的张氏主要有张虎公支派。张虎（字伯纪），河南祥符县（今河南省开封市祥符区）人，唐高宗总章二年（669）随岭南行军总管事陈政[字一民，光州固始（今河南省固始县）人]率兵入闽平"蛮獠啸乱"。陈政战死后，其子陈元光袭父职为漳州镇帅。张虎及其兄张龙同为陈元光副将。"蛮獠啸乱"平定后，张龙回原籍祥符，张虎在漳浦开基，裔孙分居漳浦等地。此为入潮张姓一脉。

张氏另有张夔和张九龄等支派，其中张九龄脉系为张姓显祖。张九龄（673—740），广东韶关府曲江县（今广东省韶关市曲江区）人，字子寿，一名博物，进士出身，唐玄宗开元二十一年至二十四年（733—736）任宰相。入相后迁居国都长安。

立于韶关梅岭古道的张九龄塑像（陈伟家 摄）

张九龄任宰相时，因忠贞为国、刚直能干而闻名于世，千古传诵。[①] 张氏奉唐相九龄为太始祖，以其风范、文章、功名、德望为群伦表率而传于后世。全国各地九龄公裔孙均以先祖之高风亮节和德范为楷模，故族史称"曲江世家"。

东墩张氏世系为唐相张九龄裔孙

据东墩张氏族谱载，东墩张氏为"曲江世家"同源嫡系，始祖张源公系张九龄第三代曾孙张敦庆之后第十八世。张源原居广东始兴县，因官徙闽，曾与其父辈居建州兴化营（今福建省莆田市兴化平原一带），出任军职，据传世称"怀远将军"，东墩张氏宗祠堂因而取名"怀远堂"。南宋时，朝廷奸臣当道，仕途艰险，张氏被迫弃官潜逃到福建泉州。张源曾投奔在泉州任军马节度的同族系宗亲张挺之后裔。后因时局不济，怀远将军及子孙南下另投奔任漳浦县令的嫡系宗亲张仲楚。在仲楚公及其后代的

[①] 参见黄淡清《潮汕张氏初探》，见陈泽、吴奎信主编《潮汕百家姓》，（香港）公元出版有限公司2005年版，第81页。

庇护下，张源隐居西林石狮乡。西林原属古漳州府地。2007年5月18日，东墩张氏怀远堂宗祠派人专程到福建省云霄县城关西林乡踏勘调查，查勘当地民间史料，走访当地宗亲，在80多岁高龄的菜埔乡原乡长张耀庭的带领下，找到了"石狮乡"的具体位置。根据还原的情景，当年的石狮乡与乌石乡相邻，成掎角之势，东面、北面皆有丘陵，前有漳河，南有大臣山，山水相依，茂林成片，是隐居生息的好地方。南宋末期，朝廷外忧内患，元兵南侵，东南沿海倭寇频扰，社会动荡不安，民不聊生。为避乱和谋生，张源公于元后期（1323—1328）入粤来到潮州府地，独自在潮地拼搏了几年。其时鸥汀寨居住着四方来客，各姓氏卜居者众。约元天历二年（1329），张源公从西林石狮乡携家带口迁徙到潮州府海阳县鸥汀寨［明嘉靖四十二年（1563）后属澄海县］定居，取名"漳源"（字豫潮），寄寓后辈子孙勿忘根源。漳源卜居鸥汀，主要以铁器农具制作和经营谋生，养家糊口。

鸥汀寨与东墩乡同属韩江冲积所形成的浮聚沙陇，鸥汀居北，东墩位南，连成一片。元朝时，东墩由东西走向的两个浮聚较高的沙脊组成。这两处沙脊北似龟状、南似长蛇，东墩因此有"龟蛇宝地"之称，南北两处后又分为南墩与北墩。元明时期，东墩一带三面环海，是一片盐碱荒滩，到处荆棘丛生，少有人居住，是尚未开发的处女地。漳源公及其子潜东公（张氏二世祖）经常往返于东墩一带打铁，制作农具并出售。据传，漳源公父子因回家过年，将煅烧铁器的火炉临时藏在荆棘乱丛中，元宵节后返回时发现炉膛还暖着，火没有熄灭，平添了好意头，满心欢喜，认为东墩是一块有灵气的地方，故张氏族人传颂着"慧眼识圣火"的先祖故事。漳源公育有四子，大约在元至正八年（1348），漳源公对4个儿子的发展做出了安排，长子、次子外居他方，三子潜东被安置到东墩创业，四子潜丰在鸥汀继承产业。

东墩地处韩江出海口，地势高低不平，地形较为复杂，村落形成慢。据传，在元朝以前，此处还没有官方对其命名。最早创乡的有张、黄、林、徐等多个外来姓氏。东墩张氏创基始祖张潜东（字墩素）为人耿直厚道，办事公正，乐善好施，在邻里中威望高。明洪武二年（1369），官方编制地名时取张氏先祖"潜东""墩素"各一字，定"东墩"为乡名，并沿用至今。

明洪武二年，潮州路改设为潮州府，共辖海阳、潮阳、揭阳、澄海、饶平、大埔、普宁、惠来、程乡（今梅州市梅县区）、平远、镇平（今梅州市蕉岭县）11县。较之前代，潮州在明代得到了较大程度的开发，在政治、经济、文化等方面都有了进

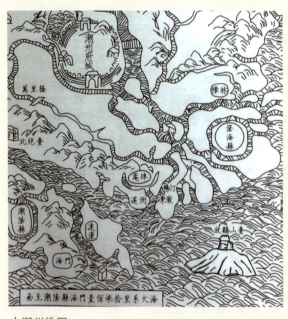

古潮州地图

一步的发展,手工业发达,商业贸易往来兴盛,整个地方社会呈现出繁荣的景象。当时,相对于明朝朝廷的赈荒不力,潮州地方政府官员却表现出积极应对的态势,整个社会背景完全适合东墩创乡时期的土地开发。潜东公抓住时机,随机应变,在原始的乡土上辛勤劳作,农耕、手工业、商贸、养殖一并发展,将一块荆棘丛生的海滨荒土开拓为可耕作之地。这是早期潮人社会积极向上的生活情景。到了明朝中后期,潮地"今之潮非昔矣。闾阎殷富,士女繁华,裘马管弦,不减上国"①。这是明朝万历年间人文地理学家王士性对潮地的评价。

张氏潜东公育有三子,长子逊斋,次子深斋,三子尾叔。他们都是早年的拓荒者,因治水、治沙、引水灌溉、改造盐碱地,而有了土地作为生活的根本,家族就有了较大的发展。明洪武十年(1377)前后,朝廷颁发征兵令,民不能违抗。按照征兵令,成年男子二丁抽一,潜东公之次子张深斋因而从军,远离家乡,至30多岁才荣归故里。这个时候,在家发展的逊斋公已经家业丰厚,儿孙满堂,在族内和邻里声望很高,获封"学士"。逊斋、深斋二公商量并在逊斋公的主持下,于明宣德六年(1431)兴建张氏宗祠,堂号"怀远堂",迄今已有580多年的历史。

东墩张氏怀远堂世系历经元、明、清、民国以及中华人民共和国不同年代的历史变迁,目前已近30代,裔孙遍布潮汕平原13个乡村以及国内其他地区,包括港、澳、台地区,越南、英国、美国、法国、澳大利亚等国家和地区也有广泛分布,族众有数万人,涌现了大批爱国爱乡、立德从善、自强不息的族彦,成为潮汕平原上一道亮丽的人文风景。民国时期,岐山张厝下派系的张氏后人踊跃投身革命,其中,张

---

① 〔明〕王士性撰:《广志绎》卷之四,中华书局1981年版,第101页。

敏（原名张义恭）曾于 1928 年任汕头市委常委兼兵运委员，1934 年任中共潮澄饶县委书记，1936 年任中共闽粤边区特委常委、中共云诏县委书记；张炳琴（潮汕铁路地下党）、张名青（曾任中共澄饶县委书记）、张秉刚（岐山新乡"金鉴堂"族人，原名张松南，曾任潮汕农会主席、中共揭阳县委书记）等革命烈士，均为东墩怀远堂二十三世裔孙。

葛洲张氏的侨爱风俗

葛洲张氏最早以四世祖祯祥公定居的年代为时间节点，可以推测为明嘉靖三十五年（1556）前后，迄今已有 460 多年的历史。葛洲张氏宗祠追远堂由五世祖东轩公兴建。这座宗祠在 100 多年后的清康熙三年（1664）和 400 多年后的 1996 年先后有过两次重修，增其旧制，古风依旧，尤其是祠堂建筑饰物潮汕嵌瓷"殿上殿"最具特色，嵌瓷图案中有栩栩如生的人物造型，其中，"郭子仪拜寿"见证了唐代遗风在葛洲民间的广为流传。张氏在葛洲子嗣繁衍，先后立有玉质公祠"如在堂"和润生公祠"崇德堂"。在目前葛洲保存完好的 10 座祠堂中，张氏占了 3 座。十三世玉质公祠"如在堂"由十四世祖崇和公于清乾隆二十九年（1764）兴建，此一脉为旅居越南的显赫家族，有于道光年间创办"和顺发"铺号的张盛著公及其优秀族人、越南"万盛发"集团创办人张美兰女士。十九世润生公祠"崇德堂"由二十世俊业公于乾隆三十九年（1774）兴建。

葛洲地处沿海地区，毗邻达濠城，昔年为典型的近海海岛。张氏家族经过几百年的辛勤耕耘，依据当地山、地、海优势，发展农、渔、海运等产业，在葛洲繁衍成为望族。其族彦张盛著、张祥耀、张恭良、张恭荣等对葛洲乃至达濠发展的影响有目共睹。张盛著于清道光年间带领葛洲族人到越南西贡，创设"和顺发"行，并关照下南洋的各地潮汕乡亲，尤其对达濠一带因饥荒、失业而来到越南的乡亲的就业、食宿、纳税等给予了极大的帮助，使西贡浸石这一地方集结了纷至沓来的乡里乡亲。浸石附近有因葛洲人而繁衍起来的"小葛洲"，现有人口超过葛洲本土的人口，有万人之数。盛著公保留叶落归根的传统思想，在事业辉煌的时候回归故里，在葛洲修造房屋，敦睦乡邻。

民国初，来自陆丰甲江的张兆禧与葛洲张氏和谐共处，乡彦张祥耀从越南回国，多次邀请张兆禧题字题词，励志促乡风带民风。张祥耀带头修建了葛洲石板路，邀请名家来葛洲做道德宣讲，并创设"紫垣阁"。葛洲迄今仍保留着这些遗迹。

被乡民尊崇的张恭良、张恭荣兄弟更以张氏先人爱国爱乡的传统为楷模。在抗战岁月，张恭良从香港带着比他小19岁的弟弟张恭荣回乡探亲，自此张恭荣认识了自己的故乡。他们在事业有成时，更不忘故里，一次次携带家眷来到葛洲，捐资办学校、敬老院、医院等公益慈善机构。张恭荣先生晚年还乡，与乡亲们生活在一起，照顾贫困乡亲，其善举温暖了每一个贫困乡亲的心，在葛洲妇孺皆知，有口皆碑。张恭荣先生像儿时哥哥带着他来到乡里一样，将年幼的儿子一个个带到村里来，上祠堂拜祖，到祖先墓地扫墓，给予后代深刻的传统教育。孩子们长大后，分散于世界各地，却经常回到乡村，对乡里人嘘寒问暖。张敬石、张敬山、张敬川、张敬峰以及张恭良先生的儿子张敬安等，带着对故乡的深情，像父辈一样带着自己的小孩回老家葛洲谒祖……

张氏人家传承着葛洲乡村好风俗。远在越南的张美兰心怀葛洲，改革开放初期，她闻悉家乡的学校需要更新教学设施，捐资为孩子们配置了电脑室。这些远离故土，又反哺故里的乡村族人，谋求一乡福祉。他们之所以有如此的爱乡之情、爱国之心，是因为他们秉承先祖遗训，道德持家，文以载道。怀远堂辈序联的那句话——"文开兴发祥，宗宏盛俊士"，确实是张氏先人睿智、从善、立德之卓识远见。

葛洲葛园陈氏：怀抱祖德家声远

葛洲现有 10 座保存完好的祠堂，其中陈姓占其三，有敬爱堂、种德堂、尊亲堂。葛洲陈氏系出潮阳招收都葛园村陈氏一世祖贤叟公。贤叟公有碧峰、碧川、碧山、碧礼、碧万等五子。贤叟公为北宋始入潮通判陈尧佐第九世裔孙。当年陈尧佐有诗曰："海滨邹鲁是潮阳。"如今，20 多万裔孙正秉承先祖遗德，生活在海滨一隅，繁衍成大族。贤叟公长房、葛园陈氏二世祖碧峰公之四世孙云腾公和九世孙国榜公，贤叟公三房、二世祖碧山公之十一世孙伯成公，因避海寇而先后移居葛洲，并按房先后建祠，堂号为"敬爱堂""种德堂""尊亲堂"。葛洲陈氏与葛园陈氏成为一脉相承的陈贤叟的后代，他们带着漫漫的历史风尘，来到东南沿海的海滨乡土，续传着源自北宋著姓大家的阆州陈氏家风。

沧桑岁月里，"葛园陈"裔孙迁居葛洲

明嘉靖年间，招收都达头埠（今汕头市濠江区达濠街道）华浦（即葛园）村陈氏一世祖贤叟公的裔孙陈云腾移居葛洲，修建敬爱堂，成为最早迁入葛洲的陈氏族人，迄今已有 470 多年的历史。以先后立祠的时间顺序，葛洲陈氏祠堂敬爱堂大约建于嘉靖二十五年（1546），面积为 323.40 平方米，左伙巷 63.63 平方米，右伙巷 40.40 平方米，祠前埕 261.87 平方米。200 多年后的清乾隆年间，葛园陈氏的另一支也迁入葛洲，是葛园一世祖贤叟公的裔孙陈伯成，这一派系也修建祠

葛洲葛园陈氏尊亲堂（杨毓添 摄）

堂，堂号为"尊亲堂"。尊亲堂建于乾隆三十九年（1774）腊月，面积为239.40平方米，伙巷102.60平方米，祠前埕114.38平方米。规模最大的陈氏种德堂祖祠建于乾隆五十一年（1786）秋，为葛园陈氏贤叟公九世孙陈国榜公所建，后经1986年和2005年先后两次重修，面积为343.20平方米，祠前埕249.15平方米，池塘1338.25平方米。葛洲陈氏三座祖祠的面积和气势以种德堂为最，堪表大姓风范。

葛洲陈氏源自潮阳县达濠葛园（今属汕头市濠江区）。葛园原称"华浦"，为清一色陈姓，俗称"葛园陈"。开基始祖陈贤叟于明永乐五年（1407）以华浦为开基之地，育五子，孙枝繁盛，瓜瓞绵延，历600多年而蔚成大族。其在发展过程中，遭遇多次寇乱和兵变，生灵涂炭。葛园村毗邻达濠，水路畅达，明朝中后期至清初，海盗林道乾多次袭扰沿海各村，濠岛居民深受其害。清康熙元年至七年（1662—1668），遭遇"康熙斥地"。康熙五年（1666），达濠马滘人邱辉占据达濠，聚集物资接济郑经。界外盐埕废弃，无盐供食，盐昂贵，民众吸海水或煎盐卤草代盐。[①] 而海贼侵劫，兵灾不止，民众号哭连天。葛园族人大量财物遭劫，房屋被毁，书籍、谱牒被烧，十室九空，乡民离乡背井。葛园乡四次濒临散乡的危险境地，族人被迫外迁。

一次次遭难，却一次次锻造了顽强的生命。明清时期，葛洲因为瞭望山之隔，相对平静，陈氏族人支流先后有三支搬迁到葛洲定居，繁衍子嗣。葛洲为杂姓同居的大乡村，兵荒马乱的年代，许多四处逃难的人成天涯沦落孤雁。来到葛洲，从与异乡人的"相逢何必曾相识"，到全村26个姓氏杂居在一起，几百年风雨同舟，和谐共处，共同征服命运的作弄，见证了四海为家、敦睦邻里的乡人朴实之品德，葛洲因而成为潮汕地区聚族而居的典型乡村。根据2012年的统计，葛洲陈氏三座祖祠中，敬爱堂为二世长房裔孙所建，现有1400人左右；尊亲堂为二世三房裔孙所建，现有1200人左右；种德堂为二世长房裔孙所建，现有1200人左右。合计3800人，占葛洲总人口的45%左右。

随着生活的变迁，葛洲陈氏与其他姓氏乡民一道，辛勤劳作以改变自己的命运。乡亲们过着又耕又渔的生活。然而，葛洲风虽平，浪虽静，但平静的生活也常常被打破，备受海寇袭扰和兵燹之灾波及，靠海而生的人于是走向了遥远的南洋。葛洲乡从清道光至咸丰年间，移居海外的人络绎不绝。他们凭借常年在海上的生活经验，航行、船运、当水手、进行海上贸易，只要能保障生活，什么工作都干。这些乡亲中不乏陈姓人家。1979年在葛洲建成的全国第一座乡村海员俱乐部——葛洲海员俱乐部，如今成为一种历史回忆。在海员俱乐部二楼，有一张记录当年捐资修建俱乐部的本乡海员名单，其中陈姓海员（包括西畔陈氏）占了绝大部分，他们都是葛洲乡移居香港地区以及海外国家和地区的海员。如今，葛洲陈氏与其他姓氏乡亲一样，以爱乡爱国之情，怀拥祖恩，心念祖训，同为家乡建设献出一己之力。

"葛园陈"彰显北宋潮州尧佐遗风

葛园陈氏一世祖陈贤叟为北宋潮州通判陈尧佐第九世裔孙。唐代初年，韩江三角洲下游地区还是一片荒凉，被称为"蛮荒之地"。潮州自韩愈到来，百废俱兴，蔚成

---

① 参见中共汕头市潮阳区委党史研究室、汕头市潮阳区地方志办公室、中共汕头市潮南区委党史研究室、汕头市潮南区地方志办公室编《潮阳大事记》，自印本，2003年版，第29页。

"八月为民兴四利,一片江山尽姓韩"的喜人景象。推崇韩愈恩德,北宋潮州通判陈尧佐居功至伟。

宋代第一位大力崇韩的潮州官员是陈尧佐。北宋真宗咸平二年(999年),陈尧佐由开封府推官贬潮任通判,在潮州两年多时间办了三件尊韩大事:其一,建韩文公祠堂,撰《招韩文公文》;其二,绘鳄鱼图,撰《鳄鱼图赞》;其三,捕鳄戮鳄,撰《戮鳄鱼文》。陈尧佐的尊韩言行在潮州属开端发轫者,为后人所称道和仿效。试看其《招韩》一文:

唐元和十四年(819年),昌黎文公愈,以刑部侍郎出为潮州刺史,至郡专以孔子之道教民,民悦其教,诵公之言,藏公之文,绵绵焉迨今知学者也。郡之下即恶溪焉,有鱼曰鳄,……早暮城下,以人为食,虽牛马羊豕,见必尾之,居民怖焉,甚于虎兕。公愤其酷,乃投之牢食,喻以祸福,使其引去。鱼德公之言,信宿大风雨,率其种类而遁,……南粤大抵尚鬼,而公之祠不立,官斯民者,又曰仁乎?余由京府从事出吏兹土,观求所然,颇得其实,且叹旧政之阙也,今新夫子庙,乃辟正室之东厢,为公之祠焉![1]

纵观上文,可见陈尧佐崇韩的用心和对潮地的理解。在陈尧佐的推动下,两宋时期,潮州三建韩庙,两修旧祠,一筑书院,都是巨大的尊韩工程。其他以韩命名的建筑物尚有韩亭、仰韩阁、思韩堂等。城东的笔架山和橡树,北宋时已改称"韩山""韩木"。附廓的恶溪,南宋时也开始被称为"韩江",写入诗歌题咏了。[2]

《颍川葛园陈氏族谱》在《崛起的家族》中,阐述了阆中陈省华的家世概况:"宋代阆州陈氏是中国古代社会在士族门阀衰落后由科举考试制度而崛起的一个典型家族。第一代陈省华,第二代陈尧叟、陈尧佐、陈尧咨(史称'三陈'),第三代陈渐、陈师古、陈述古、陈博古,第四代陈知俭、陈知默、陈知和,第五代陈充,第六代陈恬等家族成员对宋代的文坛、政坛和社会生活都有着广泛而深远的影响,至今四川、

---

[1] 庄义青著:《宋代的潮州》,中山大学出版社1997年版,第90页。
[2] 参见庄义青著《宋代的潮州》,中山大学出版社1997年版,第97页。

湖北、广东等地的一些陈姓人家编撰谱牒，仍奉'三陈'为始祖，自称阆州陈氏后裔。可见，宋代阆州陈氏的影响至今犹在。"① 陈尧佐是"三陈"中最先入仕者，在地方，他"十典大州，六为转运"，足迹遍布任地，"居官无大小，所至必闻"。② 在朝廷，他历任知制诰、翰林学士、三司副使、枢密副使、参知政事、同中书门下平章事等要职，在惩治奸吏、抵制滥进方面多有建树。尧佐为政宽严有度，深得人心，任开封知府"一以诚信"。

"葛园陈"（招收都华浦乡）开基祖陈贤叟公排行第一，生于明洪武十三年（1380），自幼失恃失怙，孤身一人，虽然从小缺乏长辈的教育，却聪明灵活，品格方正，性情豪爽，心胸豁达，勤于耕读，凡诸子百家、山书命卜，无不熟读成诵，成年后满腹经纶，屡有长进。洪武末年博取科举功名，任七品之官。而后贤叟公不满现实，游历海阳、潮阳，醉心于濠岛山海传奇之山水而卜居华浦（葛园乡），命家人立户安居、买地购田，安排盐、农、渔之事宜，在此安身立命。贤叟公秉性慷慨、好善乐施，满有锄强扶弱之情，广交当地名士。公以圣贤为师，勤奋好学，生平著有《孝友姻睦》《陈氏家训》等；但因兵燹之灾，公之遗著荡然无存。

葛园陈氏始祖在进行海疆孤旅之际，心存祖德，景仰"三陈"遗风，发愿于家之贻训，治之于严谨家规，得益于良好家风。其后人秉承陈氏族训，重仁义孝悌，家风纯正，礼德传世。陈姓是中华古老大姓氏之一。"天下陈姓源颍川"（今河南省禹州市），颍川世泽，瓜瓞播远。绵延3000年古望族，在中华大地，在海角边疆，都有其族人生活的印迹。如今，生活在葛洲乡的陈氏族人继续传承晴耕雨读、奋发有为的精神，屡有出类拔萃之辈。据统计，自恢复高考以来，至2012年，历年升读大学的本乡陈姓学子就有70多人。

---

① 陈宗羡、陈夫苗主编：《颍川葛园陈氏族谱》，汕头大学出版社2013年版，第48页。
② 参见〔宋〕欧阳修《居士集》，见《文忠集》卷二十。

葛洲西畔陈氏：千秋香火念鳌头

葛洲乡分为凤头、宅尾和西畔三部分，现在这三部分已难分出界线，都连在一起了。明清时期，这小小的间隔地却分属不同的都管辖，凤头、宅尾属砂浦都，西畔属招收都。现葛洲村的陈氏人家虽同属"颍川旧家"，源自河南禹州颍河一带同一个先祖，但祠堂脉络已分出不同的入潮始祖。陈姓入潮的时间有所不同，祠堂主祀的先人也不一样。因此，葛洲有两个不同堂主的陈姓，一是来自达濠葛园的陈氏，入潮源头为四川阆州阆中（今四川省阆中市）的北宋潮州通判陈尧佐，有敬爱堂、尊亲堂、种德堂三座不同年代兴建的祖祠；一是来自海阳南桂都鳌头乡（今潮州市潮安区东凤鳌头乡）的陈氏，脉络源头是福建龙溪（今福建省漳州市）的潮州知州陈宏规。

海阳县南桂都鳌头乡现称为"园头"。葛洲西畔村陈氏与达濠赤港陈氏同出一脉，都源自鳌头陈氏。南宋庆元元年（1195），陈宏规知潮，在任期的3年里，为潮地留下了千古传芳的史话，因此，百姓立祠纪念他。

> 陈宏规，字献可，漳州人，庆元元年知潮州。增置韩江东岸石洲二，结架如丁公桥，名曰"济川"。辟养济院以处废疾无告者。祀名宦。①

---

① 饶宗颐总纂，潮州海外联谊会编：《潮州志补编》第五册《宦绩志 外编》，2011年，第1752页。

以上内容分见于明朝《永乐大典》，清康熙版《漳州志》，清乾隆版《龙溪府志》《龙溪县志》，清顺治吴颖纂和乾隆周硕勋纂《潮州府志》等籍。陈宏规的治潮政绩有口皆碑。

据《陈献可公衍派史略》记载，陈宏规，字献可，世居福建省兴化府莆田县涵头市东埔村（今福建省莆田市秀屿区东埔镇东埔村）。宋孝宗乾道二年（1166）赴京会试，中试进士第三名，授御史。宁宗庆元元年（1195），出为潮州府知军州事。陈宏规治潮时关心民瘼，常出巡县治，宦绩显著，潮州府志有其传。据载，陈宏规治潮3年，历具政声，抚镇潮城，为官廉洁，宽宏大度，出其俸禄以赡众，行急公之义，抱济世之心，民皆戴其德。

鳌头古称"围头汛"，东南望是一片汪洋，桑浦山东北面称为"内洋"（今揭阳市地都军民村一带），伸展至浮洋（今潮州市浮洋镇）一带。鉴其地势气概，钟灵毓秀，陈宏规择居后始改名为"鳌头"。肇基创业，世以积德之家相传。宋末，兵荒马乱，元兵南侵，陈宏规独具远见，为子孙长久之计，遣长子美斋居于揭阳县西淇（今揭阳市揭东县登岗镇西淇村），又遣次子仁斋居于庵埠柯陇（今潮州市潮安区庵埠镇官里），三子检阅留居鳌头。此后美斋公之后代又分行居惠来县杭美，检阅公之裔孙也分行居潮阳西胪。1990年仲春，旅新加坡颍川鳌头同乡会倡议重修宏规公陵墓，丰碑而重竖，俎豆千秋。尔后，鳌头祭祀先祖，将"当年英灵钟马尔，千秋香火点鳌头"之联写在灯笼上，蔚为民俗大观。

在明代，鳌头乡陈氏出了一位著名的人物陈一松。他是宏规公之十二世裔孙，因列鳌头陈氏辈序"宗"字辈，故字"宗岩"。陈一松与揭阳鮀江都（今汕头市金平区鮀江街道和鮀莲街道）翁万达、海阳东莆都（今潮州市潮安区金石镇一带）林大钦先后为明嘉靖朝会试进士，同为潮地先贤。

陈一松生于明正德十五年庚辰（1520），其祖睦斋（字廷贵）、父巽轩（字克聚），兄弟三人以"松""翰""柏"分伯仲季。明嘉靖二十二年（1543）癸卯科乡试中举，甲辰会试落榜。嘉靖二十六年（1547）丁未科会试进士（李春芳榜），殿试三甲二名，被选为翰林院庶吉士，转兵部职方司主事，正六品，迁郎中，调湖广按察司佥事，正四品。后迁湖广按察司副使补广西苍梧道金宪，正四品，旋迁福建粮储参议，调陕西布政司左参政，从三品，后迁江西布政使，升福建按察司按察使，正三品。嘉靖二十九年（1550），再升福建布政司右布政，直至应天府（今江苏省南京市）府尹，

葛洲西畔陈氏德馨堂（陈江河 摄）

迁大理寺太卿，正三品，历侍经筵，嘉靖四十二年（1563）晋工部左侍郎，署尚书事。曾以工部左侍郎代嘉靖帝祭五岳。陈一松为官清廉，所至有政声，大节挺然，不喜逢迎，民为之立祠。嘉靖帝隆恩加奖钦赐陈一松"八座世家"，① 所以，鳌头陈氏题匾"八座流芳"。

相传，陈一松至孝有道，曾在为嘉靖帝督建皇陵期间，误了清明回乡祭祖。他奏明皇帝，嘉靖帝特赐农历三月初三为"古清明"，准其回乡祭祖，因此，鳌头乡有"钦赐清明节"的习俗。

明万历三年（1575），陈一松累表母殡未安，乞省墓，被准"致仕回乡"，时年55岁。陈一松回乡后，于桑浦山甘露寺侧筑"玉简书院"作为读书处。其与翁万达

---

① 参见陈振鹏《潮州先贤名宦陈一松传略》，见陈振鹏编撰《明·工部左侍郎陈一松》，自印本，2005年，第14页。"八座"指六部尚书及左、右仆射。

少年时读书处的龙泉岩"翁公书院",林大钦筑室讲学的桑浦山华岩等三处堪称潮地历史文化遗迹。陈一松致仕回乡后,归隐于桑浦山玉简书院,潜心编著诗文,皓首穷经,著有《玉简山堂集》等。由于年代久远,加上其时潮地局势纷乱,这些书籍、遗迹皆无存。明万历十年(1582),陈一松卒于故里。后人为纪念陈一松,在桑浦山立门坊一座。

鳌头十四世祖用琏公(字君良)肇基达濠赤港。公有三子,长子旋瓒卜居海门(绰号"虾头",人称"虾头祖"),曾任海门镇参府;次子旋溪留居达濠赤港;三子旋玑在葛洲西畔开基。笔者在葛洲乡走访时,也有一说是鳌头十四世祖用琏公最早卜居葛洲西畔乡,长子、次子分居赤港、海门两地,幼子留居西畔。因历史年代久远,实情已无从稽考。

赤港陈氏祖祠兴建于清雍正年间(1723—1735),选址赤港中央巷(现赤港田墘林厝祠与翁氏六桂堂后面),号"思敬堂"。清光绪三十三年(1907)重修时,大门石刻为"陈氏家庙",门内石刻为"鳌头旧家"。历史上,这座祠堂因围墙与翁氏六桂堂相邻而有过纠纷。据传,官司传至时任广东省省长陈济棠,经其调解,立石为界,两家自此和谐相处,故有"翁墙陈壁"的地方史话。

赤港与葛洲西畔由瞭望山所隔,瞭望山的阻隔使二者有了不同的海氛和历史发展轨迹,赤港地处达头埠的有利地势,经济较为活跃,赤港陈氏与西畔陈氏在经济发展上也存在差异。

西畔陈氏世代务农,族中多为勤耕力作之人。明朝中叶,葛洲西畔村就有陈姓人家居住,卜居之初,他们过着垦耕与捕捞的农居生活,经历代辛勤创业,渐渐有所发展,裔孙繁衍不息。在漫长的发展岁月里,陈氏先人不忘祖训,心念祖先,旧时尚未有经济能力兴建祖祠,逢年过节,各家各户在自家祭拜祖先。直至清光绪二十三年(1897),由鳌头二十四世、西畔十一世玉捷公发起、倡导集资建祠,德馨堂正厅才得以先行完成。正厅落成之年,西畔陈氏开始汇聚在一起祭祖,尽管场所简陋,但陈氏族人从没有放弃慎终追远之心。光绪三十一年(1905),经合力筹银兴建,德馨堂祖祠落成。这座历经8年时间建成的陈氏祖祠迄今已有100多年的历史。随着生活的不断改善和发展,这座偏居海岛一隅的陈氏祖祠也进行过重修,迎来了崭新的时代。

祠堂"浇灌"家族的"根",敬奉祖宗,礼敬天地。西畔陈氏祖祠的出现,令人对地域人文的艰难演进有了更深入的了解并心生景仰。

西乡黄氏：炽昌堂内宗脉长

黄氏源流与葛洲西乡黄氏

广东潮州的黄氏宗祠上多悬挂"炽昌堂"金字牌匾。遍布潮汕各地的黄氏，其先祖源自中原。据传，黄氏由来，"以国（黄国）为氏"，为黄氏后人所认同。《史记·秦本纪》载："秦之先为嬴姓。其后分封，以国为姓，有徐氏、郯氏、莒氏、终黎氏、运奄氏、菟裘氏、将梁氏、黄氏、江氏、脩鱼氏、白冥氏、蜚廉氏、秦氏。然秦以其先造父封赵城，为赵氏。"①《潮汕百家姓》援引《诸暨孝义黄氏族谱》曰："黄为嬴姓十四氏之一，出于陆终氏，后受封于黄，今光州（即河南光州古城，位于豫东南）定城西十二里，犹有黄国故城。黄既为楚所灭，子孙散之四方，以国为氏。"②又引《百家姓考》："陆终的支子孙，在3000年前周武王取得天下时，曾被封于黄国，也就是现在河南省潢川县之西地方，列为当时周天子诸侯之一。"③

经查证，潢川和定城属同一个地域。秦统一中国后，建立郡县制，黄国故址便被划入今河南省东南部及湖北省北部（即

---

① 〔西汉〕司马迁：《史记·卷五·秦本纪第五》，见《史记》（第一册），天津古籍出版社1999年版，第126页。

② 黄寿年：《从"江夏世家"看黄氏由来》，见陈泽、吴奎信主编《潮汕百家姓》，（香港）公元出版有限公司2005年版，第34页。

③ 黄寿年：《从"江夏世家"看黄氏由来》，见陈泽、吴奎信主编《潮汕百家姓》，（香港）公元出版有限公司2005年版，第34页。

葛洲黄氏祖祠（陈江河 摄）

江夏郡），汉武帝元狩二年（公元前121年）置江夏郡，属荆州。这是黄氏的发祥地，后来发展成为大宗大族，江夏郡、"江夏世家"成为黄氏的认祖标志。

由于黄氏历史发展的复杂性，流迁福建、广东的黄氏犹如族脉的末梢，于是，黄氏族人千方百计地寻找祖先的"方位"。

葛洲西乡旧属潮阳县招收都，古时与属于砂浦都的葛洲仅一河之隔，后来历经沧海桑田变迁，两处土地连成一片，西乡因此并入葛洲乡。葛洲黄氏如此记述其先祖："溯吾元祖朂斋公，熙宁成进士。朂斋公脉衍江夏，派出莆田，游学来潮，始籍澄邑仙陇而居。传至七世祖廷师公学耕稼移创葛洲西乡至十世祖徽章公。因明末清初，海寇作乱，于康熙壬寅年（1662）斥地，仍迁仙陇。厥后一派创洞内，一派创洋背。唯吾徽章公长子十一世玉树祖原居葛洲西乡。"①

　　这一段关于葛洲西乡黄氏的叙述，经查证，有几处讹误。一是"熙宁成进士"之说，"熙宁"为北宋神宗熙宁年间（1068—1077），《宋登科记考》中记载的闽粤进士中查无此名。二是"勗斋公……游学来潮，始籍澄邑仙陇而居"这一叙述以北宋为时间节点，而北宋时未见"澄邑"（今汕头市澄海区）之名。澄海设立县制是在明嘉靖四十二年（1563），当在将近500年之后。三是按照代际更替，"七世祖廷师公"至"十世祖徽章公"，三代人之隔只是几十年的事，便进入"明末清初"，这是一个常识性的讹误。四是"派出莆田"之说，潮汕各姓氏多以"来自莆田"作为祖居概念，实际上，不同的姓氏均有其不同的入闽或入潮路线，"莆田"多是先人辗转入潮的停靠地。黄氏堂号"炽昌堂"为来自福建邵武黄峭山的后代。

　　据此分析，"元祖勗斋公，熙宁成进士"这一句是时间上的误读和误传。但西乡黄氏的叙述为我们提供了十分重要的历史信息，那就是黄氏源于江夏，入闽之后来到莆田，并继续西移而进入粤东澄邑，后来由七世祖廷师公卜居葛洲西乡。依据这一脉络溯源而上，大致应是：明嘉靖年间，黄氏入潮先祖七世祖廷师公卜居葛洲西乡，成葛洲西乡黄氏一世祖。清康熙年间，遭遇斥地禁海，十一世族人回迁澄海仙陇，唯徽章公长子十一世玉树祖仍居葛洲西乡，迄今繁衍成西乡黄氏，已有300余年。

　　澄海县《黄氏族谱》所载"盖始于颛顼帝曾孙陆终之后，南陆公受封于黄，遂以国为姓"完全印证了《姓纂》的"陆终之后受封于黄，为楚所灭，以国为氏"的论断。《所望孝义黄氏族谱》也载："黄为嬴姓十四氏之一，出于陆终氏，……子孙散之四方，以国为氏。"②

　　由于被楚所灭，黄氏"散之四方"之后，关于黄氏宗源的问题便众说纷纭，莫衷一是。有曰：舜臣伯益公是黄帝后裔，"舜使益掌火，益烈山泽而焚之，禽兽逃匿"③有功，受赐姓嬴，其后封于黄，为黄氏始祖；有曰：黄氏出身于江夏，为颛顼曾孙陆终之后，受封于黄后以国为姓，当推为始祖；有曰：古岳州高公在商太戍时受封于黄，尊为始祖也未不可；有曰：周代有石公者因功受封于黄，赐姓黄；还有曰：黄氏

---

① 葛洲西乡黄氏未有族谱。引文为该乡黄氏族人提供的纸质资料。
② 陈翔主编，澄海县县志编纂委员会办公室编：《澄海百家姓》（影印本），1990年，第17页。
③ 《孟子·滕文公上》。

名贤歇公春申君排列在首位，应该定为黄姓始祖；等等。

这些言之有据的说法，目前虽未有统一定论，但仍不失为重要的参考资料。而据《澄海百家姓》分析，澄海的黄姓人家，从现有各乡的黄氏族谱看，多为福建邵武的禾坪派①之峭山公后裔，这与黄氏族谱所载的峭山公后裔"支分潮之澄海、揭阳、惠来、霞浦……"相吻合。②

"黄氏入闽，始于晋代。永嘉二年（308）中原板荡，黄氏同为八姓之一一起入闽。"③远在江夏繁衍生息的黄氏，为避免战乱，大举向东南迁移。到了宋代，已繁衍成为入闽八大姓氏之一，而且遍及福建各地。南宋末年至元代间，黄氏又从福建南迁，分两路进入潮汕。内陆一路从福建宁化、汀州、永定，经粤东大埔、梅县进入潮州；沿海一路则从福建莆田、泉州、同安、漳浦而入潮。据黄氏族谱（禾坪派世系）记载，一百二十六世之后，其宗支流入揭阳有6个，饶平、澄海各有4个，潮安、普宁、惠来各有3个，潮阳1个，分布遍及潮汕各县。但黄氏入潮的不止来自福建邵武的禾坪派世系，还有来自莆田、泉州的冈州派、紫云派、檗谷派等世系。④

黄氏派系、世系繁芜。千百年来，散居在闽南和潮汕的黄氏凭借的是"江夏世家"和黄氏认祖诗这条纽带维系。黄氏认祖诗相传为福建邵武人、粤开基者之一黄峭山（黄岳）所写。黄氏一百一十七世祖、三妈派一世祖黄峭山是宋初乾德三年（965）进士，曾任江夏太守，后封千户侯。娶妻3人，各生7子，共21子。晚年，他发动儿孙向外发展，各自开基，并自吟诗八句，作为后世儿孙相会时认亲的凭证。诗云：

骏马登程往异邦，任从胜地立纲常；
年深他境犹吾境，日久他乡即故乡。
朝夕莫忘亲命语，晨昏须荐祖前香；

---

① 禾坪派为黄氏入潮世系之一，指来自福建省邵武市的世系，为潮汕黄氏最大世系。
② 参见陈翔主编，澄海县县志编纂委员会办公室编《澄海百家姓》（影印本），1990年，第18—19页。
③ 庄敬忠：《潮汕黄氏人口九十万》，见陈泽、吴奎信主编《潮汕百家姓》，（香港）公元出版有限公司2005年版，第45页。
④ 参见黄寿年《从"江夏世家"看黄氏由来》，见陈泽、吴奎信主编《潮汕百家姓》，（香港）公元出版有限公司2005年版，第34页。

但愿苍天垂庇佑，三七男儿总炽昌。①

据黄氏族人介绍，"炽昌"二字便是取自峭山公这首遣子诗最后一句"三七男儿总炽昌"的后两字，"炽昌堂"也成了分布在广东潮州派系各地黄氏宗祠的堂号。

入粤黄氏与葛洲西乡

黄氏研究人士认为，广东潮汕有多个地方出现与黄氏有关的聚居地，譬如，有三个叫"黄金塘"（两个在饶平、一个在潮安）、三个叫"黄岐山"（分别在揭阳市，潮州市饶平县、潮安区）的地方，饶平的黄金塘和黄岐山仍是黄氏的聚居地。这些黄氏基本以"炽昌"为堂号，系从福建入潮黄氏。

清光绪十四年（1888）仲夏，葛洲西乡黄氏合族对宗祠炽昌堂进行了扩建，由排序为玉树公第十九世孙的黄氏勋业公发起，召集各房长商议。他们对位于西畔狮园的炽昌堂前情没有作详细记述，只录下原来的"厝局"方向，建筑形式为一进硬山顶双伙巷，开南北门，两边二正厅，落地式闪门，屋脊嵌普瓷，墙体贝灰；而关于其元祖勗斋公，却语焉未详。根据对最新发现的位于厦门鼓浪屿黄勗斋之长子黄琨石兴建的大夫第与四落大厝的研究，② 我们或许为葛洲西乡黄氏的源流寻觅到了一些信息，一是葛洲黄氏从福建入潮；二是沿海而居；三是先祖叫"勗斋公"。由此可以断定，黄勗斋并非北宋熙宁年间人，而应为清嘉庆年间闽南人。黄勗斋有三子，长子黄琨石官至户部监印、即选知府、盐运使、中宪大夫。③ 厦门历史文化研究员何丙仲分析认为，大夫第是黄勗斋所建，黄勗斋的祖上由海商发家，当时（清嘉庆年间）厦门港的商业活跃，黄勗斋从航海贸易赚到的钱主要用于建黄氏聚落和捐官。大夫第里有篇墓志铭，其中提到黄琨石，他是厦门近代文化有名的推动者。在厦门的历史文化人

---

① 庄敬忠：《潮汕黄氏人口九十万》，见陈泽、吴奎信主编《潮汕百家姓》，（香港）公元出版有限公司2005年版，第36页。

② 参见《四落大厝》，见厦门网：http://news.xmnn.cn/xmnn/2017/07/09/100224136.shtml。2020-01-27。

③ 参见陈露露《这是琴岛最古老的的红砖厝之一》（见厦门网：http://epaper.xmnn.cn/xmrb/20181122/201811/t20181122_5235318.htm.2018-11-22）、《四落大厝》（见厦门网：http://news.xmnn.cn/xmnn/2017/07/09/100224136.shtml.2020-01-27）。

物中，有兴泉永道署周凯（1779—1837，字仲礼，号芸皋，浙江富阳人，曾任河南按察使），而黄琨石位列其前。

尔后，福建沿海发生诸多变故，自清嘉庆至光绪的近百年时间，其裔孙们沿海路迁至粤东，落地葛洲，已较为明确。这或许从葛洲黄氏方面能寻觅到更多的踪迹，因为葛洲乡的翁氏为北宋"六桂联芳"世家翁乾度裔孙，他们正是以海路从莆田而来，何况清代自嘉庆之后，海路畅通，自福建同安而来，顺理成章。当然，这权当为葛洲黄氏寻根溯源提供一种设想。

厦门鼓浪屿大夫第建于清嘉庆、道光年间，位于厦门市鼓浪屿海坛路58号岩仔脚下，是来自厦门同安石浔的黄氏家族黄勗斋及族人的宅院。大夫第燕尾式的屋顶如同连绵起伏的海浪，大气、显赫；天井的过道上铺砌红砖，直通到里面的院子；屋檐下的青石浮雕题材多样，栩栩如生，有的还配以色彩浓烈的彩绘或漆金。整个建筑充满浓郁的闽南风情。该建筑于2002年4月被厦门市人民政府列为重点历史风貌建筑，2016年被列为市级文物保护单位。

鼓浪屿大夫第曾经显赫一时，如今是鼓浪屿最古老且保存完好的闽南古厝。鼓浪屿西式建筑较多，尽显清末至民国时期西洋文化的风采，而富有闽南特色的古厝在鼓浪屿上也成为一方地标。

传说黄勗斋因有恩于当时组织反抗官府、地主、渔霸的海上武装起义领袖蔡牵而发迹，其长子黄琨石生有五子，并领养二子，取意"七贤"，后在大夫第右侧建四落大厝和一座燕尾双屋面住宅。四落大厝在布局上背山面海，遵循中国传统的风水理念。建筑风格为马鞍式，墙角、窗棂均为工艺精美的白石，墙壁是充满闽南风情的红砖雕花，短屋矮墙，无处不透着古朴精致、绝美精华，是鼓浪屿上的一道中国建筑风景。当代女诗人、作家舒婷从小生活在厦门鼓浪屿，她对每天都要路过的这两幢老宅曾有生动的描写：

> 有庭院深深的大夫第和四落大厝。铜门环凹凸剥蚀，击一声绵长再击一声悠远，声声清亮如磬。红砖铺砌的天井里，桂香一树，兰花数盆，月季两三朵。檐前滴水青石，长年累月，几被岁月滴穿。中堂的长轴山水，檀香案上的青瓷描金古瓶，甚至洒扫庭院的布衣老人的肩

头,似蒙着薄薄一层百年浮尘。①

当时支持同乡人蔡牵的黄晁斋,其后代兴旺发达;但蔡牵于清乾隆五十九年(1794)带领穷苦渔民和船工在漳州、泉州揭竿而起,组建海上武装起义,多次袭击清军水师,嘉庆七年至十五年(1802—1810),屡袭厦门、台湾清军,捣毁炮台炮位,焚毁清军营房,后被清军水师诛杀。跟随蔡牵或与蔡牵有关联的人四处逃亡避难。这是许多海角一隅的乡村的历史故事。

民国至中华人民共和国成立初期,葛洲西乡炽昌堂曾作为学堂或生产队队址。葛洲炽昌堂由族人于1998—2012年多次修葺,焕然一新。葛洲黄氏定居海外的众多族人纷纷捐资支持故乡祖祠修缮,炽昌堂成为葛洲乡海内外黄氏众志成城、团结和谐的象征,在民间文化传承上,崇尚宗族传统遗风,彰显了海内外一家亲、子孙繁盛、宗祠文化源远流长的意义。

---

① 舒婷:《失语的石头》,见《真水无香》,作家出版社2007年版,第124页。

葛洲洪氏：留住祖训留住根

200多年前的清乾隆年间，潮汕洪氏的一支汇入葛洲，成为葛洲26姓氏之一。洪姓在葛洲的人口虽然不算多，但是其先祖是最早卜居潮地的大姓。早在唐大历年间，一位朝官因秉性耿直冒犯了权贵，成为刺潮的大唐官员之一。他就是潮州刺史洪圭，字大丁，潮汕洪氏称其"大丁公"。

潮汕洪氏家庙荣耀

大丁公生于唐天宝五年（746），卒于唐宝历二年（826），享寿80岁。《潮汕洪氏族谱》则记载其卒于唐会昌二年（842）年，寿终96岁。他是唐天宝年间中书省洪适之子，从小好学不倦，广德二年（764）18岁时中进士，大历二年（767）21岁时授工部尚书。他学识渊博，豁达大度。天下洪氏裔孙皆视洪祖为旷世奇才。他身为朝廷大官员，不畏朝内权臣耆老，秉公而耿直，贞元四年（788），42岁的洪圭被贬为潮州刺史。

他一抵潮，便对潮地山水眷恋不已。洪圭在潮地任刺史时，其时的潮州一片蛮荒。他募夫垦殖，兴水利，筑路架桥，使蛮荒之地初具阡陌之形。他造福潮地、勤政惠民的举措受到当地百姓的拥戴。在刺潮期间，洪大丁经常巡察潮州各方府地，并对潮阳小北山麓依山面海的山水形胜极其喜爱。当时潮阳地旷人稀，山水环绕，沃野广袤，他便从京都携家眷而来，福建兴化府莆田县福建省的族人也有随之举家西迁，一并定居潮阳。他们先居龟山（今汕头市潮阳区关埠镇龟山村），后建嘉定岐北村（今汕头市潮阳区铜盂镇岐北村），成为潮汕洪氏始祖。

大丁公以垦荒造田致富，人称"洪长者"。他按照刺史任上的方式，在潮阳广袤的山水间募夫垦荒，开发大片农田，洪氏渐渐蔚为大户贵族，"圭募夫垦殖，得良田数千亩，遂成宦室，豪富甲潮邑"[1]。唐贞元七年（791），应高僧大颠的要求，捐幽岭田地200亩建灵山寺；贞元十三年（797），又捐1200亩田为寺产。清郑昌时《高僧袖里物》记述了这个历史传说："潮阳有洪长者，信悦大颠，愿纳田大颠寺。……时洪阡陌云连，百顷无间。值朝阳初朗，大颠举袖障之，袖影里得田且千亩。洪欣然曰：'是禅师袖里物也。'遂立契券，送寺中""洪氏村在灵山前，……固衣冠望族也"[2]。如今，灵山寺成为一方禅林，洪氏先人的善举同样受到了称颂。在潮阳灵山，有洪氏祖祠。洪氏一脉，人才辈出。圭之子璋，官滕州（今山东省滕州市）知州；孙奋虬，进士，官韶州（今广东省韶关市）通判。祖孙三代先后建潇湘、洪使、麒麟、泥湄4座石桥及铺石路，开凿龟山溪（今汕头市潮阳区中部壬屿溪）。

洪圭莅潮任潮州刺史是在唐贞元四年（788），比唐元和十四年（819）韩愈（字退之）莅潮早了31年。31年后的洪圭已经73岁，在潮地生活了几十年，成为一方富豪。而这时的潮阳灵山寺也香火日旺，高僧大颠闻名遐迩。韩愈深谙洪圭这位工部尚书的宦海生涯，因此，因《谏迎佛骨》而被贬潮州后，两次到潮阳灵山寺拜谒大颠法师。对此，后人多有不解。实际上，唐朝时佛教备受推崇，韩愈与当年的洪大丁一样冒犯了权贵，仕途受到严峻的挑战。与其说韩愈与大颠"留衣亭"的传说是美谈，不如说韩愈到灵山是要会晤洪大丁。当年潮阳灵山的大丁公拥有良田百顷，富甲天下，又是豁达之人，且与大颠深交。所以，灵山寺的"留衣"传说，更多地体现了谪居天涯的宦游人和挚友的深情厚谊。

这个故事发生在1200多年以前的潮阳。1000多年前的潮阳苍碧如画，山水之胜犹如人间仙境。由此演绎了一宗姓氏族人的风云际会，以及潮汕洪氏始祖的千秋故事。

---

[1] 潮阳县文化局、博物馆编：《潮阳县文物志》，1986年。
[2] 〔清〕郑昌时著，吴二持校注：《高僧袖里物》，见《韩江闻见录》，上海古籍出版社1995年版，第17页。

洪氏源流

大凡姓氏族谱，都是为慎终追远，寻求生命的源头，因而各姓氏各有不同的故事。潮汕洪氏主要有三大支系：甘肃敦煌的共洪氏，豫章（今江西省南昌市）的宏、弘洪氏，福建莆田的"翁六桂"分姓兄弟（即洪、江、翁、方、龚、汪六姓之"洪"）。此外，还有姬姓的演变、河南英林洪氏支系、海南琼州洪氏支系和台湾洪氏支系等。

"洪氏之源，出自神农氏之后，以命氏列于诸侯而国于共"①，为"以国命氏"之姓氏。这个叙述即表明在上古时期已有共国，共国的国王就是洪氏的太公。共国之王共工氏曾是一个水官，后来子孙为纪念他，在"共"姓上加上"水"为"洪"。后迁居敦煌。又因中原板荡而南迁福建，卜居兴化府莆田县涵头村。宏氏因避唐明皇讳，改姓洪；弘氏因避唐高宗的太子李弘名讳，改姓洪。姬姓周昭王之后裔原姓翁，传至十一世，为唐代甲榜进士，任闽州（今福建省福州市以及闽侯、长乐、连江周边地区）刺史，故入闽始祖为洪轩公。

据《潮汕洪氏族谱》记载，入闽始祖洪轩公传至二十一世，其先祖洪瑀公以文学著名，显任潮州军事。二十二世祖洪适任中书省断事。二十三世祖洪圭，字大丁，因被贬潮州刺史后卜居潮阳，成为潮州洪氏始祖。②

潮汕洪氏至宋代，出了名臣洪皓及其三子：洪适、洪遵、洪迈。父子文坛骥足，中原旗鼓，三洪文章名满天下，有"四上銮坡"③的美名。为颂扬洪皓之三子的才华，民国四年（1915），由洪兆麟（湖南人，时任广东省陆军第二师师长兼潮梅善后处处长）等洪氏宗贤在汕头倡建大宗祠，堂号启用宋朝"三瑞堂"之名，以"不忘祖先之美德，不忘世系之源流"启迪后人。后汕头洪氏宗祠"三瑞堂"因故被拆除。1985年，海内外洪氏宗亲重新发起，在潮阳灵山复建洪氏祖祠，这座落成于1998年的洪氏祖祠继续延用汕头洪氏"三瑞堂"之堂号，奕叶重光。

葛洲乡洪氏只有几百人，他们在较短的时间里汇聚葛洲，共同经历沧桑和辉煌变化。

---

① 洪英壮：《洪氏入潮最先之祖——大丁公》，见《潮汕洪氏族谱》，潮汕洪氏联谊总会编委会内部印本，2004年，第87页。

② 参见洪英壮《洪氏入潮最先之祖——大丁公》，见《潮汕洪氏族谱》，潮汕洪氏联谊总会编委会内部印本，2004年，第87页。

③ 銮坡为古代翰林院的别称。

院士佘畯南：祖居葛洲佘厝巷

葛洲有条佘厝巷。约于清康熙年间，澄海县月浦乡（今汕头市金平区月浦街道月浦社区）创乡始祖佘宽大（字曰量）的第十六世惟亲公，其第三子佘云仲来到潮阳县砂浦都葛洲乡创基。[①] 后来，他在此发家致富，其族人聚居的地方村民称为"佘厝巷"。相传，佘氏到葛洲，在鸦洲宫一带搭寮养鸭，垦荒围海，又耕又渔。由于佘云仲头脑灵活，在有利的地块勤耕力作，成了村中殷富之家。当时，这一带为近海盐碱地，与西塭洋隔着一条小路，洋围南面有突兀的小山包，村民称之为"鸦洲宫"；其北面是连通大海的洪坑沟，每逢潮落，围角处有一乱石堆露出水面，形似海鸭戏水，人称"浮水鸭"。由于佘云仲一家在此耕种，村民将这片地称为"佘厝围"。后来，佘姓人家渐渐发家，在葛洲建起了房子，形成一条村巷，巷南接宅尾池，巷北与风鼓楼边相邻。葛洲人便称这条巷为"佘厝巷"，并一直沿用至今。据说，佘氏在此致富，有人妒忌他，后来因水事与人发生些小纠纷，因其独姓独户，而他人姓大势众，佘氏只好认输，便移至潮阳招收都达埠村定居。

佘氏卜居葛洲之时，因韩江下游地区人口骤增，地力不

---

① 参见《辅东公世系图》，见《潮汕月浦佘氏族谱》，2006年，第83页。

济，从澄海鸥汀、鳄浦①等地搬迁至潮阳者众。佘云仲决定卜居葛洲，成为葛洲佘氏开基始祖。《潮汕月浦佘氏族谱》中有一行记载了其人生履痕："十七世佘云仲，系惟亲公三子。于清朝初由月浦迁居达濠。"②

葛洲佘氏云仲公有兄弟三人，长兄乙伯、二兄尔标，云仲排三，其父亲为十六世惟亲公。云仲公之后如何历经世事变迁，罕有文录可以寻得。为了了解葛洲佘厝巷的历史，笔者专程走访了世界佘氏宗亲会会长佘克祥先生、秘书长佘瑞秋先生、月浦佘氏宗亲会副会长佘桂峰先生，从而获得了关于葛洲佘氏的第一手材料。

云仲公卜居达濠葛洲约100年后，其后裔中有一支到越南谋生。侨居越南的第三代中，有一位是中国著名的建筑学家，他就是佘畯南。民国五年，即1916年10月6日，佘畯南在越南出生，按佘氏排序，他是月浦曰量公第二十四世裔孙。佘畯南读小学的时候，母亲将他送回国内读书，自此开始了其颠沛流离的人生，但他发奋有为，终成一代名士。《潮汕月浦佘氏族谱》专页介绍了佘畯南的事迹，结合中国工程院院士馆的资料，我们可以更清楚地了解到佘畯南的生平事迹。

佘畯南出生于越南华侨小康之家。其祖父（佘氏第二十二世）因家乡饥荒而逃往越南，在越南时生活一直贫困，其儿子从小就得当童工，帮店主开店，后得店主喜爱被纳为干儿子。在这个干儿子成年的时候，店主把他带到广东顺德与一书香人家的女子成婚，婚后数天便回到越南。这位年轻的夫人品性善良，懂诗书，好劳动，后来在越南产下了佘畯南。佘畯南的父亲开着小店，因为为人忠厚，童叟无欺，取信于人，逐渐成为殷实之商，在越南为侨胞做了不少公益。

佘畯南生活在家境殷实而诗礼传家的家庭中，自幼父亲要求他学"四书"以守孔孟之道，母亲则教他读《三国演义》《岳飞传》等历史小说，让他

中国工程院院士佘畯南（1916—1998）

---

① 鳄浦：汕头市区的前身称为"鮀浦三都府"，辖鮀江都、鳄浦都、蓬洲都三都，鳄浦都为三都之一，指今汕头市金平区月浦街道、岐山街道、光华街道一带。

② 《曰量公后裔迁徙各地开基祖》，见《潮汕月浦佘氏族谱》，2006年，第38页。

葛洲佘厝巷（陈伟家 摄）

接受中国传统文化熏陶。因此，虽在异邦，佘畯南自小接受中华传统教育，熟识民间故事。19世纪末，越南沦为法国殖民地。其母痛恨法国殖民者的压迫，也为儿子的前途着想，便送儿子回国寄读于广州岭南大学①附属小学。这所学校原是美国人开办的，在这所学校读书，佘畯南学会了思考。1933年，佘畯南以优异的成绩初中毕业，这时家中却传来父亲破产的消息。家庭遭变故，母亲只好将自己的600元储蓄金汇到广州给儿子，告诉他这些就是今后他全部的读书和生活费用，越南已不可靠了，一切要好自为之。从此，佘畯南开始了7年独自一人近于流浪的苦读生活。

因为学费的原因，他选择到通县（今北京市通州区）潞河中学读高中。这所中学与广州岭南大学附属中学体制相同，但费用仅为岭南大学附中的1/5。这一年暑假，为节省开支，他买了张包吃包住的小货船的船票打发这个假期，又可沿着海岸线北上去天津塘沽港，在船期结束的时候，他就可以前往通县潞河中学读书。利用船沿路停泊汕头、马尾、烟台等7个港口装卸货物的机会，他随船员上岸观光。货船航行22天后到达塘沽港，佘畯南即赴通县找到潞河中学。这所学校环境良好，他夏日游泳，冬天溜冰，如鱼得水。第一年他就为自己定下奋斗目标，就是争取考入全部免费的名牌大学。1934年，他赴上海报考南洋中学，读高中二班课程，翌年（1935年）考进了该校高中三班，读投考上海交通大学的参考书。佘畯南日夜苦学，1936年，顺利地从这所名牌学校——潞河中学毕业，满怀信心地报考上海交通大学。考试的时候，他的数理化考分达中上水平，但因语文作文题为《易经》，而他对《易经》一无所知，最终以20分之差名落孙山。为了实现考进全免费大学的目标，他再经一年的学习并攻读《易经》，1937年终于考进了上海交通大学。这时日军进攻上海，学校处境困难，遂转移至法国租界里教学，学风极严。因对土木工程没有兴趣，1939年，他离开上海，转读交通大学唐山工学院。

抗战时期，交通大学唐山工学院转移至贵州平越（今贵州省黔南布依族苗族自治州福泉市）复课，佘畯南师从建筑学导师林炳贤教授。林炳贤教授早年留学美国，为英国皇家建筑师协会会员。林炳贤教授与佘畯南师生关系非同一般，他们平日一起做千米之泳，假日一起到户外远足翻山越岭，佘畯南从中获益匪浅。1941年，他从交

---

① 岭南大学前身为格致书院，由美国基督教长老会于1888年在广州创办。1952年，岭南大学在院系调整中与国立中山大学及其他院校的相关专业合并，组成中山大学、华南理工大学等学校。

通大学唐山工学院毕业并取得学士学位。此后，由于国内时局动荡不安，他因为工作几经辗转。起初，他在湖南省衡阳市试开设计事务所，但仍生活在贫困之中，直到他的作品获衡阳市市民医院设计竞赛奖，他被当局特许为注册建筑师，才有了事业基础。然而，这个时候，日军大举进犯长沙，他回到唐山工学院当讲师并继续向导师求教。抗战胜利后，1946年，佘畯南返回广州开设计事务所，其作品获广东省参议会大楼设计竞赛首奖及柔济医院①扩建工程等征图首选。其设计业务也向港澳地区拓展，事业有了发展。1948年，导师与他合作开事务所，其作品获香港女青年会及基督教圣公会堂设计征图首选。

1951年，佘畯南考取了待遇优厚的"港英政府"设计处建筑师职位，初入香港。这个时候，他却对广州在建的广州市第一人民医院病房大楼产生了极大兴趣，于是放弃在香港的工作，携家眷回到广州，毅然参与中华人民共和国成立之初的这所市级医院的建设。他日夜住在工地竹棚里，在那里工作和生活。医院终于于1952年工程竣工，在当时备受社会各界瞩目。自此，佘畯南被调入广州市设计院前身的广州市人民政府建筑工程局设计处，直至1998年。②

佘畯南的处世哲理是：宁可无得，不可无德。他认为，建筑是为人而不是为物，一个人民建筑师的设计应对其所处年代的设计思潮起积极影响。他提出的"高材精用，中材高用，低材广用"的建筑理念，为设计界所普遍采用。其代表作有：20世纪70年代的广州东方宾馆、80年代的白天鹅宾馆。这两家宾馆的问世向世界宣告：中国人能自己设计、施工、管理国际超级饭店，并为国内设计引进外资工程打开了突破口。1976年，佘畯南参加了集聚全国设计精英的毛主席纪念堂设计组，成为毛主席纪念堂设计人员之一。1978年起，佘畯南参加设计多项驻外使馆工作，计有西德、澳大利亚、泰国、塞浦路斯、希腊使馆，挪威、瑞士使馆扩建工程，以及日本福冈领事馆、澳大利亚理士本斯中国城及加蓬卫生中心等，为我国建筑艺术的发展做出了重要的贡献。1989年，佘畯南荣获国家首批"设计大师"称号。1997年当选为中国工程院院士、资深院士，隶属土木、水利与建筑工程学部。1998年7月29日，佘畯南先生在广州病逝，享年83岁。

---

① 柔济医院1899年创建于广州，早期为教会医院，现为广州医科大学第三医院。
② 参见中国院士馆《院士自述》，http://ysg.ckcest.cn/ysgDetails/personalSelfReport/1947/sjzj_yszs.html，2020-04-20。

葛洲佘厝巷，一条已经不见佘氏宗亲的小巷，却一直保留着巷名，其主要的原因，是潮地对"×厝洋""×厝围""×厝巷"的理解，这种称谓是对潮地精英人士的仰慕和记忆。旧时大凡有钱人家才能拥有土地，才能建起一落落的房舍。佘畯南的先祖云仲公当年来到葛洲，在这里从事农、渔、养殖，将葛洲这个异乡当成第二故乡，而他的后人敢于挑战命运，走上各自辉煌的人生。葛洲留下一条佘厝巷，留下了岁月的苍茫，留下了耐人寻味的人生故事。

葛洲古民居（杨立濠 摄）

第三章

一地人文 一地虔诚

> 人民有信仰，民族有希望，国家有力量。实现中华民族伟大复兴的中国梦，物质财富要极大丰富，精神财富也要极大丰富。我们要继续锲而不舍、一以贯之抓好社会主义精神文明建设，为全国各族人民不断前进提供坚强的思想保证、强大的精神力量、丰润的道德滋养。
>
> ——习近平①

---

①习近平：《人民有信仰，民族有希望，国家有力量》，见《习近平谈治国理政》第二卷，外文出版社有限责任公司2017年版，第323页。

葛洲古村落：村居、村民、古韵

村居

葛洲人十分重视自己的"根"。明清时期留下的潮式古建筑目前仍有850多座，它们构成别致的古建筑群落。这些建筑群依山而建，各具造势，山脚有海，厝屋周边有深深的小巷和宁静的庭院，门前阔埕、天井甚至屋顶晒着从地里收回来的稻谷、花生和从海里打捞上来的鱼、虾等海产品，门前门后的乡里乡亲走过停歇，侃大山的乡音随风传送。这些生活情景，是800年来代代传颂的祖先生活元素。古建筑形成了古村落，古村落成为村民寻找祖先的方向。葛洲村从清江、凉亭到今日的村居所在地，三易其地，旧时的凉亭和潮味十足的名称"厝桶"（潮汕方言，指老屋荒废之后的墙体、墙基），还是那么亲切。

葛洲近海，葛洲人漂洋过海者众。清代中叶以降，一批批葛洲人因生活所迫下南洋，他们中的一些人赚到钱后，回到故乡，在老家祖地建起了新屋。这些新屋已经带着主人喜爱的南洋风格。"四点金"、"厝角头"（潮汕方言，即山墙）、潮式厅堂等潮汕建筑特色元素，一经与南洋建筑的叠楼、窗棂、墙饰结合，便留下了葛洲古村落中传统民居与南洋风格相融合的一批民国建筑，别具特色。许多人对葛洲的兴趣就是从这些建筑所包含的文化意义开始的。有心人由此进入一条探究村史、潮汕先民以及侨文化的"时光隧道"。

在这片古村落中，错落有致的10座祠堂，是葛洲人的

葛洲古村落"大水局"山墙（陈伟家 摄）

"老根"。潮汕人即便纵横四海，也总会回来，逢年过节来到祖先的神牌之下，虔诚俯首。这时的村居里，香烟袅袅，潮乐声声，行人熙熙，一派祥和。

  笔者从一幅葛洲的航拍照片中看到，其环山翠绿中是清一色的红瓦灰墙，格局齐整，令人赏心悦目。这些古建筑之所以齐整，座座相连，错落有致，其形制本身就隐含着先民的建筑智慧，更重要的是村民珍惜它们，没有去破坏它们，宁愿在别处另建，也要保护好老祖宗留下的"根"。尽管早年的风景已不可再现，但村民心中对祖先生活的想象仍续生在这片山包、海水、葛藤、绿树之中。村庄留下许多属于自然的元素，在三面环山一面抱海的地方酝酿不竭人文。

  葛洲村850多座明清潮式建筑中，"四点金"这种潮汕古厝格局占了绝大部分，而占地面积较大的"驷马拖车"格局则凤毛麟角，较为罕见。随着人口聚集日众，"厝地"（潮汕方言，指房屋用地）日渐稀少，也由于依山而建，造大屋的条件备受限制，因此，小巧玲珑的"四点金"、共用的伙巷、独特的大波浪"厝角头"成为葛洲民居的特色。潮汕古建筑所讲究的"风水"古意，山墙"风水学"中的金、木、水、火、土随处可见。建筑的格局和造势,视地形、地势、坐向和主人的"生辰八字"而设,构成流年的风景。旧房子映射出一地沧桑,海天包裹了这里的温馨乡情。建筑在凝固时光之后,留给后代回味。

葛洲村有一处风传了百年的"侯来任",原来就是一段苍茫的人世故事。清朝初年,因为朝廷斥地,家园中所有的人一夜间就要泪别故土,投亲靠友,四处逃难。一位叫王来任的官任广东巡抚,他体恤民情,冒死向皇帝禀报,恳求皇帝收回斥地之令。终于,得来皇帝"展复"之令,沿海乡村许多人才能回到自己的家园。人们记住了王来任的名字,村头的"侯来任"谅必是"王来任"的口传之误。

"侯来任"处有多处清末时期的摩崖石刻。"乡关"二字就是最精彩的墨宝,它点缀了村居,抒写了乡情。"乡关"成为唯一的村道,走出去是一片阔野,一派田畴,一片海;回来,是一地乡愁,一地人文,一地淳朴的乡情……

古建筑石雕工艺(魏玉冰 摄)

葛洲古道（杨毓添 摄）

葛洲村里有一条青石板路，这是一条不寻常的路。当年，葛洲人张祥耀从越南回来，捐资修建了这条路。他亲自筑建，石板从高处往下铺设，遇人家门前用横向石板，顺路则一直竖向延伸。这条路不长，大约800米的样子。路铺成后，村民将自家收成的鱼、虾、牡蛎、青菜、地瓜摆在路上买卖，沿路的村民开起了小食店、理发店、杂物店，自此成为圩集。青石板路因此成名，成为葛洲村一条古道而被保护起来，成为一段岁月的老歌，"祥耀爷"也成了村民的亲切呼唤。顺着这条青石板路走，令人回忆这段乡情故事。在这条路的一端，一位村民将多年在南洋打拼的积蓄，在一块不到200平方米的"厝地"上修建起葛洲村第一座洋楼——训庭别筑。

村民

葛洲村的26个姓氏就像海上26块舢板，分开时四海飘零，聚集则四海一家，葛洲将四方游子汇聚在一个"家"里。26个姓氏又如26块模块，积木般零散，有各自的材质、各自的位置、各自的高度，结合在一起便构成缤纷的整体。乡里乡亲，邻里守望，传承乡谊，汇聚不竭的力量。

许多姓氏的族人漂泊时，茫然四顾，凭一叶扁舟来到这远离兵燹的海角，他们将此处视为心中的"乌托邦"。大家聚居在一起，同甘共苦。不同的姓氏有相同的乡土香火，不同的族群有相同的村居历史。大家来到这里，在一处值得相依的地方结缘，在一处有容乃大的地方聚居，村寨便这样形成，乡音便这样唱响。多姓氏的村庄酝酿更加多元化的习俗，通婚、成亲、交融。

葛洲村民自古就有搏击四海的勇气和下南洋谋生的传统，这更彰显相互帮助的力量，谁也不会去计较这个亲、那个故，大家以能发展为尚，以能反哺家乡为荣。在艰难的岁月，许多祠堂被开辟为学堂，村民请满腹经纶的先生到学堂启蒙学子，期望后代能知世界，葛洲因此有书房顶，有环山半庐，书声琅琅，飞越了海角，家家期待能成为书香之家。

当年的乡贤惺惺相惜，友爱友善，他们中有侨民，有异乡来客，都对知书达理的人非常敬重。村中的"不可移动文物"记录着这一切。清末民初时期的张兆禧与张祥耀、张夔宾、张伟昌等人有着密切的乡情乡谊，并留下"乡关"石刻。

古韵

葛洲村头"乡关"碑处，"天南锁钥"一侧，我们揣摩举人张兆禧先生那"以奠宗潢安如此石，磷磷一卷蔚为金碧"的文意，是否可以如此理解：这些耸立水中安然的磐石如皇族壁垒，海浪翻卷着，闪着粼粼波光，他寄寓这美丽的风景，昭示天涯子民能担当大任，坚如磐石，也寄望国泰民安，人们安居乐业。这是海滨村民朴素的心愿。在葛洲的历史上，800年风云变化，村民安之若素，勤耕力作，也互相激励，理智生活，敢于向前。勇敢的人们走向大海，搏击风浪；守望亲人的村民则在祖先的土地上坚守一地安宁。

虽然已难寻觅到葛洲关于"遭遇海盗""遭遇斥地""饥荒情景"的翔实资料，但先人留下的摩崖石刻让我们能站在历史的某个节点深情回望。葛洲当年完全就是一个海村，这一带从前被海水淹没。

福建、广东的渔民都崇尚妈祖信仰。葛洲村地处沿海，也有两座与女神有关的庙，一座是村北的"娘庙"，一座是村西南鸦洲宫的"天后宫"。妈祖是海上渔民心中的"平安神""保护神"，尤其被航海者奉为无上的"海神"，自北宋末叶，屡受朝廷褒扬、册封，有"崇福夫人""灵惠夫人""天妃""天后"之尊号。在民间传说中，妈祖广佑群黎，成为沿海村民的"神祇"。明嘉靖元年（1522）建成的葛洲"天后庙"，迄今已有近500年的历史。500年前，葛洲人为避海寇的侵扰而逃离，从清江、凉亭到葛洲，三度迁徙，来到葛洲这安居之地，村民立"天后庙"于海边，以求妈祖保佑一方子民。村北也立一"娘庙"（即珍珠娘娘庙），也是面向阔远的海洋。

葛洲翁氏的"厝地"上，明嘉靖元年（1522）春立下"翁六桂之后"的摩崖石刻，这一年，村中建妈祖庙（即"天后庙"），翁氏在石头上记下这一事件，"勒石为记"。村民传承祖德，也敬奉神祇，这是民间生活的大事。二三百年后的18世纪，是葛洲人下南洋的全盛时期。葛洲人在南洋，常常奔波于海路上，他们祈求一路平安。张氏十八世宏郡公之夫人陈敬德从葛洲奉请妈祖香火到越南浸石立庙，而成今日之

自然"盆景"（陈智生 摄）

葛洲 广东省古村落

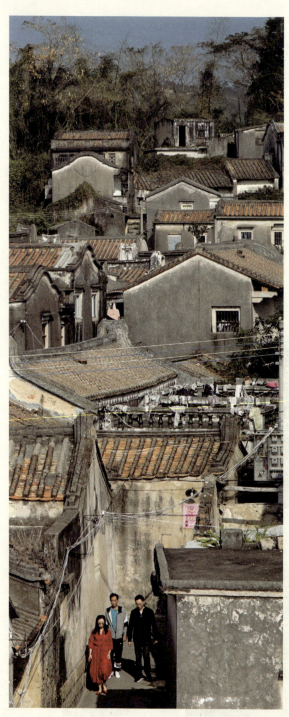

葛洲侨胞回乡过年（陈昌燕 摄）

"浸石天后宫"。如今，越南胡志明市的天后宫成了东南亚一带一座著名的庙宇，这便是葛洲人的创造，也是葛洲人感恩海路"平安神"的一个见证。

葛洲村也供奉"三山国王"。"三山国王"是传说中"明山""巾山""独山"巡山三兄弟，启自隋唐，盛于两宋。其源头地以揭西县河婆镇的"三山国王"为祖庭。揭西县龙潭镇的"独山"有"三王爷洞"，立于山巅，是一处民间信仰圣地。自古以来，"三山国王"是传说中沿海兵民远征以及海上航行的"保护神"，与启自北宋的妈祖文化有异曲同工之妙，所以在沿海地区备受崇拜，沿海乡村各处可见"三山国王"庙。

由葛洲先民张祥耀、张伟昌建于民国三十三年（1944）的紫垣阁，推测曾是游历葛洲的陆丰举人张兆禧深居环山半庐时的书室。张兆禧字紫垣，那么，这个阁名是否为纪念张兆禧这位颇有品位的异乡人？如今已不得而知。

葛洲村还有一处"龙船石"。这块造型奇特的巨石上有"和平里"三字，字迹为抗元名将文天祥之手笔。"和平里"是文天祥在潮阳抗元期间为和平题写的地名。葛洲人仰慕英雄，有人专门到潮阳和平镇拓来这字迹，刻在乡村高处一块巨石上,既寄望天下太平,又缅怀为国捐躯的民族英雄文天祥。这种独特的乡村文化教育昭示了葛洲人的情怀和高远视野。按照乡村出现的多处石刻,"和平里"的出现时间大致应是在张祥耀先生回乡这个时期。

在乡村徜徉,青石铺成的村路古朴依旧。古屋之间,依山而修的排水沟、集水塘,无不映射着昔日的宁静时光。村巷的石头砌得十分别致,古墙上绿萝随处缠绕,将古意和时光绕出一片幽雅。

葛洲的"妈祖信仰"与鸦洲宫

葛洲人与"妈祖信仰"

葛洲天后宫周围,村民称为"鸦洲宫",是"妈祖信仰"在葛洲的文化遗存。葛洲天后宫始建于明嘉靖元年(1522),迄今已有近500年的历史。

旧时葛洲是一个濒海渔村,又有山坡旱园和山脚水田,这种既可农耕又可捕鱼的生活环境吸引了来自福建沿海及广东揭阳、海阳、潮阳各县游民的到来。他们在农田里劳作,在滩涂上赶着潮汐捕鱼。"逐水而居"和常年与海上风浪搏击,生命安全成为村民的头等大事,他们因此信仰妈祖。

妈祖实有其人,其原名林默,人称"默娘",出生于福建莆田湄洲湾畔的贤良港,父亲林惟悫原是东南沿海让海盗闻风丧胆的都巡检,母亲王氏除了默娘之外还育有一男五女。默娘是家中最小的孩子,自小喜爱出海,一心要消除大海中作恶的妖怪。她生于宋太祖建隆元年(960)三月二十三日,卒于宋太宗雍熙四年(987)九月初九。其一生短暂,"年及笄誓不嫁人",终身未嫁。据传,默娘生性灵巧,秉性仁孝。及长,笃信佛陀,聪慧慈悲,且通岐黄(即中医),传说能预知休咎(吉凶),致力于济苦救难,有求必应。27岁那年"羽化升天"。[①] 由于她常常在海上救人于苦难,福建沿海信众称之为"妈祖"。

---

① 参见方俊吉《妈祖缘 岁月情》序言,见蔡辅雄著《妈祖缘 岁月情》,2016年,第13页。

庇佑一方（图为位于葛洲鸦洲宫的妈祖像。陈奕君 摄）

自北宋至清嘉庆年间，妈祖先后受到皇帝36次加封，由"顺济庙额""崇福夫人""灵惠夫人""天妃"到"天后"，一次次地提升。妈祖因之由湄洲岛走向陆地，并传到台湾、香港、澳门地区乃至东南亚及世界各地，"妈祖文化"因而成为全球性的影响力较大的民间信仰文化之一。"妈祖文化"在传播过程中出现大量的传奇故事，具有催人奋进、辅国护民，鼓励人搏击风浪、远征世界的精神力量，其巨大的影响力对人类产生积极的力量。2009年10月，"妈祖信仰"入选联合国教科文组织人类非物质文化遗产代表作名录。15世纪初，明代著名航海家郑和七次远洋，到了东南亚很多国家，甚至抵达非洲的肯尼亚，其前六次下西洋，回来后在福建长乐的海边留下一块"郑和碑"①，记载了"天妃灵应"的传奇故事，是中华祖先"海上丝绸之路"上的奇彩诗篇。"云帆高张，昼夜星驰，若履通衢者，诚荷朝廷威福之致，尤赖天妃之

---

① 郑和碑现存于福建省长乐市郑和史迹陈列馆内。

神护佑之德也"①。

福建是潮汕人的第二故乡。来自中原的潮汕人最早来到福建,生活的磨砺使这些异乡人成为信俗相守的一家人。闽中、闽南及粤东各地海岛、沿海乡村形成了相对一致的信俗文化,几乎同源同俗。"妈祖信仰"的出现因此构成了一个民俗文化圈,包括台湾、香港、澳门地区以及东南亚一带。一致性的民间传奇故事,常常是信俗文化的传播途径。葛洲村创乡之初,家家与海相邻,渔民所占比例大,家中劳力常年"讨海"求生计,他们四海为家,走到哪里,哪里就有故乡的生活气息。由于在海上常常处于风险之中,他们祈求"海神"的庇护。这些渔民往往是妈祖女神的创造者和坚定的崇拜者,"妈祖崇拜"因而在沿海乡村盛传,成为渔民风浪人生的精神寄托。

妈祖被视为海上的"保护神""平安神""幸福神",备受推崇,潮汕民间树以"天后圣母"的至高境界。以汕头市南澳岛为例,南澳拥有潮汕最早的天后宫——深澳天后宫,另外还有23座形制相近、信俗一致的天后宫或天后庙,这是非常奇特的现象。而汕头开埠之前,常年有海上船民出入,汕头埠因之也有5座供奉妈祖的庙宇,这是沿海或滨海城乡妈祖信仰文化的一种表现。

200多年前,葛洲先民开始下南洋,他们经历大海大洋波峰浪谷的考验,对海上航行及安全给予了极高的重视。渔民出海捕捞,船上供奉妈祖软身像。在他们看来,有妈祖陪伴,保佑平安,搏击风浪多了一份坚强和勇敢。渔民往往将丰硕的收获视为妈祖所赐,妈祖是渔民的"幸福神",也是海路上游子的"平安神"。18世纪,葛洲人到越南谋生,张氏夫人陈敬德女士信仰妈祖,将妈祖香火带到越南西贡浸石,供乡人敬奉,这里后来成为闻名越南的浸石天后宫。这一史实反映了东南亚华侨与内地沿海地区民众民间信仰的一致性。

葛洲与鸦洲宫

明朝的时候,葛洲村前是一片大海,先民将妈祖庙建于村口的海边,让妈祖"远眺"大海。村民从此处下海,回头望是平地上突兀而起的翠绿小山,山上的树木栖息着鸦雀飞鸟,傍晚时分群鸟翻飞,如云降林,村里人于是将这块地称为"鸦洲"。渔帆晚归,在船上远远就能望见妈祖宫。潮汕人将庙称为"宫","鸦洲宫"之名由此而

---

① 《天妃之神灵应记》(即《郑和碑记》),见罗春荣著《妈祖文化研究》,天津古籍出版社2006年版,第96页。

鸦洲宫新景观（杨立濠 摄）

来。它既是对村庄海边风景的赞美，也是远归者的精神寄托。村民伫立岸边，翘首以待，期待与归航的亲人在鸦洲宫团聚。鸦洲宫因此交响着渔耕人家的生活旋律，"讨海"的人在海上看见鸦洲宫，便充满回家的喜悦。鸦洲宫的建立为这里留下了一处诗意的角落，堪为葛洲乡间的地标记忆。

据传，鸦洲宫之北，在茫茫一片水面上有一堆乱石，在海水掀起波涛或潮涨潮落时，海浪穿过这片乱石，就像群鸦戏水，场景动人。这是村民对鸦洲宫的形象解释。鸦洲宫的北面是葛洲渡口，北望古地海阳、澄海，东临沧海。鸦洲宫背靠平洋凸起的小山，山顶上布满天然的巨石，陡峭挺拔。在海风和水汽的作用下，山顶怪树婆娑，甚为阴森，旧时人迹罕至。天后庙坐北向南，其前面从前是一片沧海，后来海水逐渐退去，遂成一片滩涂，后又变成一片旷野，再后来变成一片田园，可谓沧海桑田。

庙门前曾有两块造型独特的怪石分列左右，一块似猫，一块似鼠，甚为奇特。每逢三月二十三日"妈祖诞日"，村民纷纷到庙前焚香祈祷，在此流连，还可看眼前辽阔的大海和山外青山。如今沧海桑田，岁月更替，旧貌已换新颜。人们来此，仰望皓空,回眸先民沧海路上"洪涛接天,巨浪如山,视诸夷域,迥隔于烟霞缥缈之间"①的万顷波涛,而汹涌在心的,是一代代人的接力,一代代人靠着坚强的生活意志,搏击惊涛骇浪,感恩来之不易的幸福生活。

鸦洲宫历经500年沧桑,如今已修建成空旷的广场,在"妈祖诞日",常有数百人的队伍在此表演潮州大锣鼓、潮阳英歌舞,或演出潮剧皮影戏。村民们还将鸦洲宫之背的小山顶上那一片陡峭挺拔、形似莲花盛放的天然巨石,修成莲花宝座,上面耸立妈祖像。

妈祖"远眺"瞭望山,"远视"濠江之水,许多远渡重洋回乡的葛洲人每逢民间盛会,就会伫立妈祖巨像前,祈祷平安幸福。"妈祖信仰"作为"非遗"传承保护项目,日益成为海内外潮人的信仰。鸦洲宫也成为海外潮人对华夏故土和乡情的记忆。

---

① 《天妃之神灵应记》(即《郑和碑记》),见罗春荣著《妈祖文化研究》,天津古籍出版社2006年版,第96页。

"珍珠娘娘"与达濠民间信仰

潮汕地区是"多神崇拜"的地区，沿海地区供奉的"神"包括"天公"（"玉皇大帝"）、"三山国王"、妈祖、珍珠娘娘、"福德老爷"（"土地神"）、"龙尾老爷"（"虱母仙"）、"四方将军"（分东、西、南、北不同方位设神像）、"灶神"（"司命公"）、"麻脚婆"、"地主老爷"、"五谷母"（神农氏）、"船头伯公"、"月娘"（"月亮神"），甚至"门神"、"木坑爷"等。人们要问，为什么潮汕地区到处都有"神"？这或许与潮汕先民历经中原板荡，筚路蓝缕，千辛万苦来到海角天边的潮汕，一路祈求诸神庇佑有关。达濠原来是孤悬于海上的小岛，四面环海，是一块饱受海贼、寇乱袭扰和饥荒困扰的地方。在地力不足以养众生的环境里，如何求得生存？他们唯有祈求"神灵"的恩赐。达濠的"珍珠娘娘崇拜"并非一朝一夕所形成，而是万千子民面对凄风苦雨，在茫茫黑夜里寻找到的一种心灵寄托。

在达濠的传说中，珍珠娘娘是玉皇大帝的次女。有一次，她偷偷下凡探看凡间民情，发现潮汕地区受天花、麻疹、痘疹等病魔所困扰，许多小儿遭病而夭折，遂发慈悲之愿，愿为潮汕沿海百姓驱魔除病，护佑幼小。为了寻找根治疾病的方法和"灵药"，她回到天上找到太白金星李老君，祈望李老君能授予她妙法，以造福人类。妙法学成之后，仙女下凡到了潮汕地区，以民间游医的身份，专治小孩的麻疹、痘疹、天花等疾病，哪里有疫情就到哪里去，赠医送药。她神力无比，药到病

供奉"珍珠娘娘"（陈智生 摄）

除。百姓感恩，却无人知她姓甚名谁，只知她有一颗比珍珠还可贵的心，于是，就称她为"珍珠姑娘"。疫情解除，珍珠姑娘隐去。之后，达濠的乡村百姓各自定下吉日，纪念珍珠娘娘。据传，这个民间习俗启自南宋，潮汕地区的凤岗、葛园、葛洲等乡村都立庙奉祀，以感戴珍珠娘娘"圣德"。

关于葛洲珍珠娘娘，据传，有一次海边漂来了娘娘的木雕塑像，当时的妈宫前还是一片海水，娘娘塑像停在岸边，似乎一直不愿离去。乡村长老见到后，将娘娘的塑像供奉在一块石头上，开始有了香火，后来立庙奉祀，香火日旺。当年的乡民称其为"石头妈"。村民都说，珍珠娘娘灵验，海内外乡民都信奉她。葛洲人祭拜珍珠娘娘时，在乡里阔埕搭建戏台，请来戏班，连演多日潮剧。这一天，海内外的许多乡亲不远万里赶来，蔚为一方盛事。

达濠各村敬奉珍珠娘娘，一脉相承，形式相同，名声堪称第一的是与葛洲相隔不远的凤岗村。该村与葛洲相隔16里①，隔一条濠江、一座瞭望山。古时凤岗农、渔、盐并存。

---

① 1里=500米。

凤岗村祭祀珍珠娘娘的盛况，远近闻名。凤岗旧时称为"鸡冈"。这里祭祀珍珠娘娘的习俗已经有几百年的历史，珍珠娘娘在这里已成为集"观音菩萨"、"送子观音"、妈祖、"注生娘娘"等于一体的"圣神"。凤岗人将珍珠娘娘称为"凤岗妈"，与妈祖同等敬奉。每年的正月十七日，是凤岗村敬奉"凤岗妈"珍珠娘娘"游神赛会"的日子。这一天，除了凤岗村，达濠周围的四乡六里以及居住在汕头市区、潮阳等地的信众云集凤岗山北麓。赛会上，"塔糖"、"果雕"、糕点、饼食等供品均为金黄色，还有"活桌席"（雅称"灵禽督席"），蔚成民俗大观。珍珠娘娘宫理事会会在本村或邻村遴选一对活公鸡和一对活母鸭作为"灵禽"，主事者"点化"后，便让其在供品大桌上自由行走。传说，不管是络绎不绝的行人，还是祭拜现场的铿锵锣鼓或连天鞭炮，均不会让这些"灵禽"惊慌，它们也不会腾跃扰座。村里人说，凡"不干净"的供品（祭品），就会被"灵禽"推倒，说得神乎其神。

而葛洲乡祭拜珍珠娘娘的日子定于每年四月十六日。这个日子的定择，是出自一个民间传说，即"阿妈请戏"，详见后文"葛洲的民间传说"。

在潮汕地区，凡"神灵"皆被精心打扮，庙宇中的珍珠娘娘塑身金碧辉煌，雍容华贵，其民俗文化精神具有立德、行善、大爱、仁慈的特点，饱含团结互助、积极向上、敦睦乡谊的积极意义，成为乡村社会活跃而健康的人文力量。

"仙师公"、紫垣阁与"三山国王"庙

在中国的道教文化中,民间崇拜的人物数不胜数。葛洲村依山傍海,景色迷人,在葛洲乡村族彦的精神世界里,又有一道别致的精神风景,那就是对仙风道骨的景仰。村里有"仙师公庙"。"仙师公"是谁?乡人说,乃祥耀爷从远方请来的"仙师"柳春芳,他来此讲法、传道,教人积德从善。村民感念他,立紫垣阁以纪念,于是有了主祀"仙师公"的小庙。这是葛洲村独特的传奇。原本僻静的海村,因一位仙风道骨的"高人"来此,引出了一场场道德传播,成为一段佳话。

葛洲村与陆地相隔,在一水苍茫的海角,葛洲的先人酝酿着乡村的道德成长。虽在海边,村庄里却也供奉"三山国王",这给民间信俗平添了山海传奇的色彩。那么,海岛上的民众为何对"山神"也崇拜?

紫垣阁与祥耀爷

紫垣阁是葛洲的一处历史文化风景,也称"仙师公古庙"。该阁位于葛洲后厅园,环境清幽,风光绮丽,附近古榕如盖,嶙峋怪石从海上"浮聚"而起,而石缝里长出的旺盛的榕树,虬根飘忽,如仙人坐看春风,一看就年代久远。

"仙师公"处原为私人别墅,传为本村张祥耀的住所。张祥耀为东墩张氏华祖三房世孙,生于清光绪六年(1880),幼年随父赴越南西贡求学,学成后在西贡创办张成顺商行,经营船舶运输,后来代办法国邮船业务,公司有了丰厚的收益,在

紫垣阁（陈基跃 摄）

商务发展上有了厚实基础。

在越南社会，旅居当地的华人常按其亲缘、地缘和商业缘而聚居，这些移民群体慢慢形成各种社会组织。1787年，华侨在越南阮朝统治的南方地区建立了4个帮。越南嘉隆皇帝（即阮福映）统治时期（1802—1819）的1814年，这些组织得到正式承认，并增加到7个，即广东帮（即广府帮）、厦门帮、潮州帮、海南帮、琼州帮、福州帮和客家帮。1885年，法国殖民当局对越南华侨社团和华侨的国籍进行规范，规定为5个帮（福州帮并入厦门帮，称为福建帮；琼州帮并入海南帮，保持海南帮的原名；其余3个不变）。阮朝统治者特许华人按原籍、语言和风俗习惯的区别，分帮自行管理。堤岸的华人人数最多的是广东帮（广府帮），其次是潮州帮。截至20世纪中叶（1950年），广东帮有337500人，占46.6%；潮州帮有225000人，占31%。①

---

① 参见［越南］陈庆著，陈金云、黄汉宝译《越南华侨社会组织及传统社团探讨》，载《八桂侨刊》2002年第3期，第35页。

在西贡的华人均建立各自的帮公所，由帮民公推正、副帮长各一人，经有关当局批准备案。当时的潮州帮公所（简称"潮州公所"）实际上是潮人的同乡社团，负责办理当地潮人的有关内外事务，如举行本帮成员的联谊活动，开展本帮的福利慈善工作，传达公令，代当局征集税款，办学校，办医院，建义山（即墓地）办理对外联系和交涉事宜，为本帮成员维护合法权益等。张祥耀因为人正直、喜结交精英、胸襟宽阔，在侨商中威望甚高，被推举为"五帮公会"帮长，可见当年他在当地的影响力和实力。

民国十六年（1927），张祥耀回到祖居地葛洲乡。时隔40年踏上故地，"少小离家老大回"，此时的张祥耀人称"祥耀爷"。他见村容村貌依然陈旧，村民生活水平落后，便创办福利机构帮助有困难的乡亲，并在村中铺设了800米青石板路。这条石头巷路铺成之后，成为村里的圩集。如今，青石板路犹在，是古村落一道古朴的风景。

民国二十八年，即1939年6月21日，端午。日军对达濠进行空袭和炮轰。当天上午10时，日军侵占汕头，汕头沦陷。潮汕沦陷期间，达濠各村资源匮乏，人们缺医少药，张祥耀便创办明德善社，聘请名医为葛洲、澳头、东湖村民看病并赠送药品。民国三十二年（1943），潮汕各地闹饥荒，民生艰难。他慷慨解囊，租船到外地购买粮食回乡，每天早晚煮粥救济贫苦群众。他的善举博得乡亲的交口称赞，被誉为"救命及时雨"。

在葛洲乡生活期间，祥耀爷与定居葛洲的晚清举人张兆禧结为知己。他们一起谈论天下，目睹民国社会各种改良思想正在兴起，便一起寻求乡村生活的改变。祥耀爷交际广泛，聘请外地学养深厚的"仙师"来到葛洲，传播道德伦理纲常，教人积德从善，创设了德教宣讲场所。据传，德教由潮阳县和平人杨瑞德创立，后盛行于东南亚各国，是以道为主的宗教。德教的宗教活动场所称为"阁"。在阁中，德教供奉老子（道教的太上老君，即"道德天尊"），左右两侧奉祀柳春芳和杨筠松。祥耀爷创设的这一活动场所，于民国三十三年（1944）立为"紫垣阁"，取甲江老叟张兆禧之字，并由张兆禧题"紫垣阁"。如今，在紫垣阁内神位旁，村民立紫垣阁创建人张祥耀、伟昌阁老"神位"，以纪念当年张氏先贤这一善举。这也从一个侧面可见张祥耀与张兆禧交往甚密。

之后，这一座小巧玲珑的古庙香火日盛，"道德文章"在葛洲乡村广泛流传。民国三十五年（1946），祥耀爷卒于葛洲，终年66岁。这位少小离家的葛洲游子，晚年在家乡的 20 年中，为家乡留下了这一串历史记忆。1981 年，葛洲乡信众对紫垣阁进行了修缮，石门灰塑、花木创意壁画等栩栩如生，门口一侧依势而建，塑以鲤鱼造型，取"鱼跃龙门"之意，华丽精美，惟妙惟肖。保留在紫垣阁大门的楹联，上联为"祖厅庆重光人民仰望教德业流昭万古"，下联为"师道集大邦家叨福庇延釐康乐继春秋"，横批为"万古传香"。神坛也有一联，门联为"紫气氤氲绕福地，垣盘毓秀别有天"，横批为"胜地重祥"。因本乡东南亚华侨众多，葛洲紫垣阁也成了乡村族人与东南亚华侨的精神纽带。

"三山国王崇拜"

潮汕的"三山国王崇拜"起源于广东省揭西县河婆镇，现坐落在河婆镇西南 3 千米处的玉峰（又称"大庙山"）东北麓的"三山国王"庙，是"三山国王"的"祖庭"。揭西河婆古属揭阳霖田都，故又称"霖田古庙"。"三山国王"庙是为纪念护国佑民的河婆镇北面的巾、明、独三座"神山"而设。因宋太祖加封赐额而又称为"明贶庙"。"三山国王神"肇迹于隋，"显灵"于唐，受封于宋。相传，隋初隋文帝时期，"三山"出现"神迹"。当地人便在巾山之麓建庙奉祀此"三山之神"，至今已有 1400 多年的历史。

自唐朝开始，"三山神"成为当地"山神"，当地人对"三山神"顶礼膜拜，每年都要定期祭祀，以禳灾纳福，祈祷国泰民安。每年的农历二月二十五日是"国王生"（潮汕俗语，即"三山国王生日"），各地信众到当地"三山国王"庙隆重祭拜。南澳海岛的渔民在新船出海时，把"三山国王"和妈祖的香火一同请到船内分别设香炉祭拜，海岛及沿海渔村的"三山国王崇拜"可能因此而生。

关于"三山神"，当地有着广泛流传的故事。最早拜祭"三山神"的当推唐初南下"平獠啸乱"的将领、"开漳王"之一的陈元光（657—711）。唐仪凤二年（677），陈元光率军由闽赴潮州平寇乱时，驻军界石，祭神并写下了《祀潮州三山神题壁》五言诗三首。陈元光在诗中对"三山神"进行了详尽的描述和评价：

孤隋不尊士，幽谷多豪杰。三山亦隐者，韬晦忘其名。……独山峰耸阁，中谷水鸣琴。明山卉木翳，遥林云雾深。瞻庙开明贶，平辽断

位于广东省揭西县独山之上的"三山国王"祖庭（牌匾）（陈伟家 摄）

秽裼。①

陈元光对"三山神"顶礼膜拜：

> 三山耀神德，万岁翊唐灵。……相斯翊国忠，我与三神契。……三山香火地，万古帝王钦。②

另一个关于"三山神"的祭祀记载，是唐元和十四年（819）韩愈被贬为潮州刺史期间。传说，时逢淫雨，庄稼受损，百姓祷求"三山神"，雨乃止，韩愈便写了

---

① 中山大学中国古文献研究所编：《全粤诗》（第一册），岭南美术出版社2008年版，第65-66页。

② 中山大学中国古文献研究所编：《全粤诗》（第一册），岭南美术出版社2008年版，第65-66页。

《祭界石文》，派人到祖庙祭拜。传说北宋年间，因"三山神"助宋太宗征北汉刘继元有功，宋太宗"诏封明山为清化盛德报国王、巾山为助政明肃宁国王、独山为惠威宏应丰国王"，赐庙额曰"明贶"，并敕增广庙宇，岁时合祭。从此，"三山神"便被统称为"三山国王"。至宋仁宗明道年间，复加封"广灵"二字，成了皇封的"神灵"象征。

作为民间"俗神""乡土神"崇拜，"三山神"影响当年只局限于潮州，随着历史发展和人文变迁，如今的"三山国王崇拜"已成为粤东、香港、台湾地区以及东南亚民间信仰之一，也是研究潮客历史的一个重要载体。

据有关统计，粤东地区各地"三山国王"庙约有367座，而濠江区的"三山国王"庙就有38座，分布在乡村各地。葛洲的"三山国王"庙位于崇德善堂一侧，村民管"三山国王"叫"老爷"，这是达濠一带的传统叫法。葛洲村敬奉"三山国王"的仪式定于每年的正月，时逢开春，当地村民以游神、潮剧演出、潮州大锣鼓演出等形式祭祀"老爷"。

这是道教文化在葛洲乡的具体呈现，这些民俗节日或民间生活现象佐证了潮汕地区民间"多神崇拜"的心理，也是潮汕地区民俗文化丰富多彩的原因之一。

葛洲的民间传说

独特的地理环境和漫长的生活磨砺,使葛洲这个海滨乡村有着丰富多彩的传奇和民间故事,这些民间文化遗存,不论是口头的还是已经被记录下来的,都是葛洲几百年来的生活写照和历史风貌,体现了一代代人不畏艰险、迎难而上的精神,表达了他们对幸福生活的憧憬与向往。

(一)阿妈请戏

葛洲人信奉珍珠娘娘,将珍珠娘娘称为"阿妈",与濠江两岸许多村庄称呼"妈祖"一样,这个"妈"字在潮州话里发重音,带有如崇敬祖母一样的深情。

村里人传说,明朝的时候,海盗常常袭扰村庄,村里人勉强度日,生活十分困难,乡里演大戏这种活动只有大时节(指逢年过节)才能有。有一天,村里突然来了一个戏班,他们要来演出潮州戏(即潮剧)。大家很纳闷:戏班为何不请自来?村中老人问来者。戏班的

"阿妈请戏"(陈智生 摄)

人说:"是阿妈请戏啊!"戏班的人顺手拿出了阿妈请戏的红纸条。大家将目光转向妈宫,顿时有人惊呼起来,这才恍然大悟。大家记住了这一天:四月十六日。当夜,锣鼓喧天,戏台下人山人海,村里人移步到妈宫前,心中感觉温暖。之后,巷头巷尾每天都有人在传颂"阿妈请戏"的神奇。这一年正逢大旱之年,自从阿妈请戏之后,年年风调雨顺,村里有了好收成,五谷丰登,乡里人也渐渐富了起来。自此之后,每年的四月十六日便成为"祭拜阿妈"的日子,这位阿妈,正是达濠各乡妇孺皆知的珍珠娘娘。大家认为,有了珍珠娘娘守护,乡里人的日子一天比一天好,演戏的习俗就一直延续下来,成为葛洲的传统节日。

(二)七鹤归洞

相传清朝末期,与葛洲相邻的西畔村来了一个姓陈的外地富人。他请来"风水先生"在龙山上"牵山掠龙",寻找"风水宝地"。后来风水先生在山上找到了一个墓位,坐西向东,背对后洋,面向葛洲,正对西畔。风水先生巧舌如簧,说葛洲周围有7座山,是7只仙鹤,"风水"的取向是"七只仙鹤来归",取"七鹤归洞"之兆。风水先生盼咐,落葬那一天的某个时辰,对面的西畔全村不能煮饭升炊烟,炊烟一起,仙鹤就不敢"来归",风水就不灵验了。风水先生一来是要展现他的威信;二来是要看陈姓富人是否有诚意出大钱,自己可以从中捞取更多的好处;三是故弄玄虚,摆弄自己的江湖玄术,蛊惑人心。陈姓富人默许风水先生的教示,去对面的西畔村挨家挨户说情。不料整个西畔村的人都被他说服了,村民同意那一天都停止烧火做饭,陈姓富人也愿意让家人花钱备好饭菜请西畔全村人吃。

风水先生将7个小山命名为"七只仙鹤",喻义吉祥之鸟带着祥云瑞彩收归"洞穴",即墓穴中。陈姓富人喜得"风水宝地",心慕平步青云,完全听信风水先生的话,西畔村的人又都听信陈姓富人的话,这样一来,一传十、十传百,不知不觉传到西畔村"土地爷"那里去了。"土地爷"觉得此事非同小可,责任甚大,当一任"土地爷",就得保一方安宁,情急之下,便化成一位老者,出现在西畔村口,遇上西畔村的乡里人就说,"如若这个地方仙鹤归洞,西畔乡必散乡无疑"。老人教给了乡里人补救的办法,就是陈姓富人落葬当日,全村不但不能停止炊烟,反而要焚烧稻草,让冲天的浓烟吓走仙鹤。

陈姓富人去世后,风水先生安排落葬的那天的某个时辰,西畔村的人将家中备好的杂草一齐焚烧，四处扩散的浓烟几乎笼罩整个西畔村庄。风水先生望着四下里的浓烟，顿时面如土色，不知如何是好。这个时候，陈姓人家才明白自家触犯众怒，渐渐醒悟过来，所谓的"七鹤归洞"只是一个普普通通的民间墓葬，风水先生的话只是混淆视听，扰乱乡邻和睦。后来，西畔乡里人四处寻找那位老者，但就是找不到。西畔村一向安然无恙，陈姓人家也自感心安，还是将先人安葬于此。葛洲人于是将此处称为"七鹤归洞"。

（三）白蛤石

葛洲乡曾经叫"潮光乡"，几经变迁，村里人仍未忘记那些陈年时光。当年，村里人将一片田园修建成一个广场，取名"潮光广场"，这个名字一直沿用下来。据传，未修广场之前，田园边有一块白色的大石头，形似蟾蜍，当地人称"蛤蟆"，因石头色白，故称之为"白蛤石"。

福建、广东沿海的人都说，蛤蟆喜欢吃蚊子，有了蛤蟆，就可灭蚊，于人有益。正因为有这块形似蛤蟆的白蛤石，村里一直是没有蚊子的，因为村里所有的蚊子都被"蛤蟆"吃掉了。建了潮光广场之后，其周围上至祠堂，下至凤头脚，一只蚊子也没有。村里人夏夜纳凉、睡觉，吹着习习海风，不用蚊帐，睡得也踏实安稳，生活得很舒适。如今，白蛤石仍在原来的位置，但一部分石身已被掩埋在泥土里。村里人都说，白蛤石可能因为"破局"，功能受损，活力受挫，"蛤蟆"再没有从前捕食蚊子的"煞力"了。

古时葛洲是不是没有蚊子不可知，现在的确有蚊子。从科学的角度看，旧时村庄人口稀少，村貌保留海村自然生态特色，海风清凉、干净，环境佳；而随着人口的增加和现代生活方式的急速变化，水沟不畅及生活垃圾增多，蚊虫有了更多滋生的条件。白蛤石的传闻告诫当下的人们，要提倡文明生活方式，注重环境卫生，保持水沟通畅，常清理垃圾，人人要有创建美好家园的意识。

（四）关刀石

在葛洲村坑底水库和内坑水库之间，有两座小山包，其山脊相连，当地人分别称其为"南坑山"和"狗屎王山"。山脊相连处有两块奇异的天然石头摆在一起，长形、薄势、尾尖，如两把尖刀，村里人称之为"关刀石"。这两块关刀石，一块坚挺，另一块却折断了。相传，在本乡的虎坟宫山巅，有一块大石，形如拳头，人们叫它"拳头石"。两山相对，"关刀"与"拳头"各争地势，两不往来。一日遇上，便互不服气，甚至拳脚相向，打斗起来，各不相让。"关刀"飞去，"拳头"迎击，在刀光剑影之中，一阵火花溅起，一声尖叫，"关刀"折了个尾，"拳头"却安然无损。"神仙"观战，一目了然："拳头"功夫修炼到家，不畏刀枪剑戟，再锐利的"关刀"在它面前也只能是手下败卒。因此，这两把"关刀"，一把完整无损，另一把折成两段，在山巅成为孤山风景。

（五）绞纽洞摇鼓仔坟

相传，古时有一个担着货担的货郎穿行在葛洲村与东湖村之间，专门兜售妇女常用的雪花膏等小日用品，走街串巷靠的是一把小摇鼓招徕顾客。只要听到小摇鼓"咚咚咚"的鼓声，巷头的女人就会挨近来看热闹，或买些护肤之类的用品。小货囊由木箱制成，翻开木盖，柜里、格层里满满的都是货物，有纽扣、针线、饰品、化妆品等，琳琅满目，应有尽有。小小货囊，给穷乡僻壤带来新气象。潮汕人将做买卖的人称为"摇鼓仔"，意思是"摇着摇鼓兜售货物的人"，也称从事这种行当的人"担八索"，就是肩挑8根绳索的担子（货囊每边有4根绳索）。

从东湖村到葛洲村，必经一片田园，在田野四顾，常常空无一人，一派静寂。"摇鼓仔"为了生活，常常一个人从山坡走到低洼的田园，一蓑风雨，一个孤影，走在荒郊野外。他走过的这片田野，就是现在的坑底水库。假如还原当年的概貌：田园边有水坑沟，坑沟边有一条小路，两头分别通向葛洲和东湖。一个夏日，满天乌云，"摇鼓仔"一路走来，眼看就要遇上狂风暴雨。他走到一处石头累叠的地方，正好雷电交加，便在石下避雨，不料狂风大作，飞沙走石，"摇鼓仔"不幸被山上滚下来的大石头压死。其家属闻讯而来，发现他已葬身于大石之下，悲痛欲绝，便将其安葬于此。这个天然形成的石洞便成了"摇鼓仔"的墓穴。他的家人为其立铭碑"祖考德楚黄公墓"七字，至今仍保存完好。

随着时光的流逝，"摇鼓仔"的葬身之处慢慢变成了一处风景。"摇鼓仔"的墓葛洲前辈人称之为"绞纽洞摇鼓仔坟"。他们将坑底水库坝右侧的这个石洞称为"绞纽洞"，将绞纽洞内的那口坟墓称为"摇鼓仔坟"，这样，就有了"绞纽洞摇鼓仔坟"这个名字。此处山青水绿，风光秀美，天然植物丛生，景色宜人，游人到此，无不驻足流连。绞纽洞附近还有一处天然"石磨"，一块硕大无比的石头如磨坊里磨的形状，而且"磨"中有"磨心"，极像旧时用牛拖着榨甘蔗的那种大石磨。此"大石磨"因形似而成天然之景。

（六）鲤鱼坟

葛洲翁氏为"翁六桂之后"。明末年间，翁氏人家安葬其祖先的时候，请来"风水先生"。风水先生在葛洲东面宅洋后园内择地造坟，说此处地形酷似鲤鱼，因而起"鲤鱼坟"之名。鲤鱼坟因势而建，但是风水先生故意以逆流方向造坟，以成溯水而上的游鱼气势，认为有此象，准保后人财丁兴旺。事前，风水先生吩咐翁氏人家，一旦因此"风水"而家运亨通、财丁兴旺，他自己可能因犯天眼而命运遭折，需要翁氏人家能长期接济他。实际上，这是风水先生惯用的要钱的手段。他看到翁氏为大户人家，一定能给予较好的回报，因此向翁氏漫天要价，索取好处。翁氏人家应允。但其后人对待风水先生刻薄，致使风水先生反悔。风水先生便蒙骗翁氏后人重修祖坟，以更财丁兴旺，翁氏后人听信。重修后的"风水"改为顺水方向，鲤鱼坟也就没有了早年的勃发气象。村中人有此传说，表明乡人迷信思想仍存在。实际上，修身才是安身立命之本，注重道德修养，注重文化教育，才能真正领悟科学济世的道理。

（七）戏仔崆

旧时演戏的演员被称为"戏仔"。戏仔的生活非常艰苦，据说教戏的师傅（老板兼导演）对戏仔的管理非常严苛，譬如一年只给予一两次洗澡的机会，理由竟然是常洗澡会影响声带发声，这当然是骗人的说辞。

葛洲有一处地方叫"戏仔崆"，即"戏仔洞"（在潮汕话里，"崆"是"洞穴"的意思）。相传，葛洲崎沟南面、虎坟宫山下的石碾山有一个幽深的山洞。有一年，一班戏仔要到乡下去演戏。他们路过山洞前，突然遭遇暴风骤雨，只好纷纷走进山洞里避雨。走到里面，他们发现这个山洞好宽敞，于是一个个往里走。外面暴雨如注，一直没有停下来。这个时候，山土被水浸泡松动，山体慢慢移动，巨大的山土滑向了山脚的这个山洞，将山洞掩埋了，那班戏仔大部分被埋在里面，能够侥幸逃生的没有几人。真是好戏未演，惨剧来临。后来，每逢阴雨天气或刮大风、下大雨前，村民路过，仿佛听到洞里传来戏仔的啼哭声，或似戏仔的演唱声，甚是凄惨。这个山洞，人们就称之为"戏仔崆"。这个传说，表达了人们对戏仔这一当时的社会底层人士艰难生活的深切同情。而那神秘莫测的声音，应该是风雨来临前山风的响声，或是行人心理作用使然。

乡里闹热（图为潮阳英歌舞表演。陈昌燕 摄）

第四章

一方桑梓 八方贤达

> 潮汕的海外移民具有爱国爱乡的优良传统，并能与当地人民和睦相处，继承和发扬中华文化和潮汕文化的优势，同当地人民一起，共同为开发当地经济作出巨大贡献，而自己也逐步发展壮大起来，在各侨居地形成相当规模的海外潮人社会，在国际上和港、澳、台地区成为著名的"潮州帮"。
>
> ——杜松年[①]

---

① 杜松年著：《潮汕大文化》，中国科学技术出版1994年版，第222页。

葛洲贤达张兆禧

葛洲留给人雅致的第一印象的地方,当推保留在村中"乡关"处的一系列摩崖石刻。"天南锁钥""龙蟠虎踞""紫垣阁"等分布于村中的多处墨宝,几乎出自同一个人之手,他就是张兆禧。

张兆禧,字紫垣,号上清散人,又号士真,擅书法诗赋,人称"甲江老叟"。他是广东陆丰甲子人,祖居地在陆丰石帆都(今陆丰碣石、甲子、甲东、甲西)甲子高地山仔山村。其父张光栋于清道光二十六年(1846)中丙午科举人,官至福建晋江县(今福建省晋江市)知县。张兆禧自幼跟随父亲宦游福建晋江各地。其父学识渊博,张兆禧秉承家学,于光绪二十六年(1900)庚子科中举。这在陆丰当地传为佳话,被誉为"父子双举人"。

然而,张兆禧命运不济,他中举那年,中国封建帝制正濒临结束,他企望的"学而优则仕"成为泡影。笔者查阅了许多资料,都未能查到张兆禧的人生印迹,可能是他真的没有宦游之举,这或许是张兆禧的"怀才不遇"。虽有优越的家庭背景,但生不逢时,无法像父亲一样走上仕途,他选择在葛洲这僻静的海岛一隅生活,权当隐居。而实际上,张兆禧并没有沉沦,他带着封建时代读书人的情怀,在葛洲村生活,对葛洲这个乡村充满感情,并积极发挥他的聪明才智,保持着清正的为人准则,受到村民的爱戴。他在葛岭山下创建"环山半庐",以教书为生,广交乡绅族彦,传播圣贤之道。葛洲人早就有四海为

张氏质公祠（陈江河 摄）

家的秉性，广交天下贤士，像张兆禧这样知书达理的人居于村中，当为村中好事，因而从没有将他当"外人"，村中张氏族人更因为张兆禧的姓而将他视同亲人。其实，张兆禧的宗族源头与葛洲张氏有分别。据《普宁宗祠博览》介绍，陆丰甲子张氏系宋元时期闽漳下潮七峰兄弟之一的普宁县泥沟村（今普宁市流沙镇泥沟村）翠峰公分派，这支分派落地陆丰湖东，张光栋、张兆禧为该脉系裔孙。①

张兆禧的父亲著有《学海堂笔记》，张兆禧著有《学海堂续记》，为乡间鸿儒，在陆丰当地被视为前贤。张兆禧在葛洲生活期间，与当年从越南经商回国的张祥耀、张夔宾等乡彦甚为友好，应其邀请协助葛洲张氏修订过族谱，并题写"乡关""天南锁钥"等字，葛洲乡人将其墨宝镌刻在大石上，成为珍贵的乡间文化遗存，可谓镇村之宝。

张兆禧与张祥耀往来甚密，这从葛洲村紫垣阁的创设可以推测。张兆禧是村民尊崇的贤达之人，虽然没有走上仕途的机会和经历，但是他在葛洲"隐居"，如鱼得水，与村民和谐相处，特别是像祥耀爷这样的人都将其奉为上宾，可见传统"亲贤"观念深入葛洲乡民的心里，也因此，张兆禧将葛洲视为自己的家乡，更带着济世的价值观为葛洲打造了像环山半庐这样的教化场所。正因为有这样的乡村教育环境，才有此后络绎走出乡村的葛洲青年的奋发人生。遗憾的是，到目前为止，笔者还未能获得关于张兆禧的生卒及其他的详尽的资料，待有识之士做进一步的探究。

---

① 参见张声金《张氏家庙（新溪）"金鉴堂"史略》，见普宁市民间文艺家协会编著《普宁宗祠博览》，中国文史出版社2016年版，第71页。

爱国爱乡的香港同胞张恭良、张恭荣

葛洲乡90%的家庭都有海外关系，每一个人心中的"华侨"几乎都等同于"乡亲"。一座村庄，连着整个世界。乡民们惦记远在异国的亲人；而远在他乡的乡人也思念故里。反哺故乡的真情，在张恭良、张恭荣兄弟身上体现得淋漓尽致。

走进葛洲村，就看到由国务院侨务办公室授予的"侨爱新村"荣誉的字样被镌刻在一块大石上，醒目地告诉人们，这里是华侨众多的村庄。葛洲人邻里守望，海内外一家亲。而旅居香港的张恭良、张恭荣兄弟更是妇孺皆知，备受村里人尊崇。

漂泊沧桑的家世

张恭良、张恭荣兄弟祖籍葛洲，族系列汕头东墩怀远堂裔孙，为葛洲追远堂第二十三世。张恭良于清光绪三十三年（1907）生于潮阳县葛洲乡，其祖屋是一座典型的潮汕"四点金"建筑格局的房屋，位于葛洲永兴园19号。其父亲张欣廷早年去香港，在潮汕人经营的"南北行"帮工，经常往返于暹罗与香港。母亲张谢惜金是达濠人。张恭良3岁的时候，父母带着他去暹罗。后来，由于生活所迫，张恭良随父母回到了家乡葛洲，在葛洲度过了他的童年和少年时光。家乡给了少年漂泊的张恭良实实在在的感觉，他在葛洲读过私塾，结交了少年的伙伴。11岁至14岁，他在乡村完成了启蒙教育，这成为他一生里最为深情的回忆。

张恭良聪颖勤奋。他15岁时到香港继续读书，后来考进香港大学医学院。1930年，23岁的张恭良大学毕业，之后连续10年在香港政府开办的玛丽医院担任医生，并担任香港政府检疫官，事业顺利。他在香港中环创立私人医务所，兼任恒生银行顾问医生。这个时候，张恭良先生凭借卓越的医术和高尚的医德，享誉香江。

然而，正当他的事业如日中天的时候，"二战"爆发了，父亲又在香港离世，一家生活的重担一时压在了这个大儿子身上。他带着年仅14岁的弟弟张恭荣护送父亲的灵柩回到葛洲。父亲一生在外，身后葬在家乡，正合了叶落归根的传统观念。张恭良和弟弟安葬好父亲后，就要面对生活。父亲有5个儿子3个女儿，他这一走，作为大儿子的张恭良身上的担子有千斤重。这时日寇侵占了上海，继而侵占香港，一家人开始四处漂泊，家乡成为他的温暖回忆。张恭良先生在葛洲生活累计只有7年的时间，但故乡一别，乡愁如烟。

青年张恭荣饱受战争之苦

张恭荣1926年11月28日出生于香港。由于父亲经常不在香港，比他大19岁的长兄张恭良成了他的监护人。小时候的张恭荣生活在大哥家中，大哥的严加管教、对他的励志和引导，使他对读书特别用心。他先后在香港3间名校——香港中华青年会小学、培正小学、华仁书院读书。14岁那年，他与大哥护送父亲的灵柩回葛洲安葬，第一次回到了家乡，才开始接触并学讲潮州话。这一年秋，大哥送他到上海金科中学去读书，这是当时上海有名的一所学校。由于没有亲戚，小小年纪的张恭荣一个人开始在上海生活，一切都得靠自己。他学会了自我管理生活和学习，成绩优秀。初中毕业后，他考入上海圣约翰大学高中部。然而，仅几个月时间，日寇侵占了上海。国难当头，家国的概念开始在青年张恭荣心中激荡。这时，大哥写信告诉他，万一书读不下去就去参军抗日。当时日寇疯狂进攻香港，邮路中断，大哥的汇款也没有了下落，而他身上的钱仅够买一张船票了。这时，他唯一的念头就是回汕头，回葛洲老家去。

这个时候，在香港的一家人分批撤回内地，大哥张恭良去了重庆继续行医，二哥张恭钦到兴宁县（今广东省兴宁市）汽车运输公司当司机，母亲和他在葛洲乡相依为命。他们每日只能靠番薯果腹，饥肠辘辘的张恭荣每时每刻在感受什么是苦渡时日。葛洲成了张恭荣在最困难的时期唯一的生活依靠和精神寄托。

1942年，16岁的张恭荣目睹家乡到处被日寇蹂躏、烧杀掳掠，决定外出求生。

飞翔（图为葛洲张氏质公祠屋脊上的立体瓷画。陈基跃 摄）

他与乡人丘国典冒险出行，从葛洲渡船出海，穿过惠来神泉、陆丰甲子之后各奔前程。张恭荣徒步穿过日占区，经普宁、揭阳（今揭阳市区）、丰顺，到了兴宁县城，他要去找二哥。在兴宁，他举目无亲，几经周折，才找到二哥的住处。二哥却没在，出车到韶关去了。后来他才知道二哥的车子在韶关坏了，没法回来。张恭荣一个人在兴宁苦待了一个月余，仍没有等到二哥回来，身上带的一点钱就要花光了，他只好想办法到韶关去，只有找到二哥才能有依靠。他找到一辆破旧的木炭车，跟着车主往韶关方向走，沿路当苦工。从兴宁到韶关一直是山路和土路，燃煤的动力车一路需要鼓风烧煤。车一停下来，他就要立即跳下车，用木头堵住车轮，以防车倒退滑下山去，还要负责搬运车上的货物和清洁车厢。就这样，他沿着龙川、河源（今河源市区）、连平、翁源一路颠簸北上，终于到了韶关曲江，找到了二哥。这时的韶关百业颓败，四处都是生活窘迫的人，连一份苦力活也找不到，二哥过着穷困艰难的日子。兄弟相见，抱头痛哭。

张恭荣泪别二哥，只身一人到重庆找大哥。他乘车经湖南衡阳、广西桂林，一路上见到遍地饥民，亲身感受到战争给人民带来的苦难。在桂林，他看到美国空军招待所有一则广告，要招聘一名侍应生（服务员）。他应聘并被录取了，工作是每天给飞行员端茶送水、打扫房间，总算有了暂时稳定的生活。这一干就是近两年，他也没有去找大哥。

太平洋战争爆发后，日军加紧侵略中国，美军机构纷纷撤离桂林。1944年11月10日，日寇攻陷桂林，张恭荣又一次失去了工作，随难民从桂林逃至柳州。由于身无分文，在沦落天涯的逃难日子里，他孤身一人到国民党军队里当起"壮丁"，有时要挑百斤重的弹药，有时当炊事员，件件都是苦活、累活。一路上逃走的挑夫很多，而他在这人生地不熟的地方，想逃都没法逃。

后来，他被编入部队，成为一个"兵"，被派往湖南长沙等地执行军务。这时他连枪都不会开，就糊里糊涂地被安排上了前线。其时国民党军队无心应战。张恭荣数月跟随的这支队伍，后来不知何故也解散了。他到柳州去已无生计可言。有一天，他在路上遇到一位四五十岁的女人在找挑夫，要挑100多斤①重的担子（行李）经宜山（今广西壮族自治区河池市宜州区）到河池（今广西壮族自治区河池市金城江区）去。这时的张恭荣饥不择食，又一次干起了挑夫的行当。这一路走了一个多月，每天都是起早赶路，张恭荣的肩膀都磨出了肉痂。终于到了河池，他偷闲去河里洗个澡。就在这个间隙，日军飞机疯狂轰炸了河池。在忐忑中，他匆匆赶回旅店。走近旅店，他傻了眼，旅店已被炸成平地，那个妇人已被炸死在废墟里，血肉模糊。张恭荣惊恐万分，没想到命运竟然如此坎坷，自己因为去洗澡而躲过此劫，而那个女雇主却长眠在河池。

结缘鸿翔部队

在河池遭遇日军轰炸之后，张恭荣又成了战争难民。他跟着一群人艰难地向北往贵阳逃难，一路上翻山越岭，忍饥挨饿，好不容易到了贵州。在独山，他看到空降部队——鸿翔部队正在招兵。身材魁梧、有文化、懂些英语成为他的优势，他又被招入伍了。参加鸿翔部队的人必须到昆明去报到。这时张恭荣余愿未了，想起自己一路赶来就是为了找大哥，竟如此坎坷，在残酷的战争面前，人是如此脆弱。他来到重庆城郊，获知大哥已不在重庆了，举目无亲的孤独感再次涌上心头。他只好日夜兼程，从安顺、晴隆、曲靖一直到昆明，终于找到了鸿翔部队。谁知报名额已满，鸿翔部队不再招兵……他流浪在昆明街头，当起小贩，自制过香烟，卖过猪肉，制过腊肠，挺了几个月，后来在一所美军招待所结识了一位鸿翔空军陆战队的美籍教官。有了他的介绍，张恭荣终于入伍。之后，他在昆明黑龙潭接受军事训练。

"鸿翔部队"是陆军突击总队的代号，1944年1月，由著名抗日将领杜聿明在

---

① 1斤=500克。

昆明组建，参照第一次世界大战时期法国伞兵部队的作战方式成立伞兵第1团，是中国军事史上第一支伞兵部队。伞兵团人员选拔非常严格，士兵必须具备一定的科学文化知识。全团共配3个步兵营，共计1000余人。有了美军顾问和全副美式装备后，伞兵团进一步扩编为"陆军突击总队"，共4000余人。在抗战胜利前夕，这支部队转战数百公里，游走于大山之间，突袭日军重要渡口，破坏日军水上运输。伞兵的远距离跨地域打击和灵活的游击战术，在特定区域内有效地牵制了日军兵力。

张恭荣在此前的3年时间里在南部及西南各省逃难，目睹大批无辜平民被日寇炸死炸伤，民族仇恨激荡于胸，恨不得能早日上前线杀敌报国。他因此刻苦学习，成绩突出。受训近半年后，就在部队即将上前线的时候，1945年8月15日，日本宣布投降了。这是他身为行伍中人，却没有参战杀敌的巨大遗憾。

日本投降后，国民党撕毁国共合作协议，发动内战。这时，张恭荣所在的空降兵部队接到命令，准备开赴东北。士兵们议论纷纷，说"中国人要打中国人了"。张恭荣暗下决心，绝不做伤害中国自己人的事，便想尽办法离开这支部队。这个时候，恰好得悉大哥已回到香港，他便冒着被击毙的危险逃到香港，结束了一段刻骨铭心、颠沛流离的生活。

旅港创业岁月

1946年，张恭荣在香港夏利南客货船行当船员。船员经常在海上工作，晕眩、呕吐、咽不下饭、睡不了觉是家常便饭，常常被折腾得死去活来。这艘船的航线主要是厦门、汕头、香港等地以及暹罗、马来亚（今马来西亚）、新加坡等国，除了运载货物之外，还设法加运200多位旅客。正值抗战胜利，中国和东南亚各国逃难后回乡的旅客特别多，船舶经常处于超载状况，最高载客记录有1000多人。张恭荣在船上任第四买办，什么工作都得由他来做，客货通运的船务令他忙得团团转。每到一个港口，上下客、卸货物、按次序提货、安排装货物、按舱装货、报关、折算兑换货币、安排旅客和船员膳食、配合船上医务、卫生检查、防疫及照顾病人，工作特别繁忙，休息极少，而每月薪水只有200元。为了生计，张恭荣常常将自己的铺位租给买不到卧铺票的旅客，以此赚取一些额外收入，而自己则在甲板或船舱随便铺一张草席将就着睡。他在甲板上睡觉常被大雨和海浪淋醒，浑身发抖。

在船上两年后，张恭荣被提升为实习代办。他结识了船上一位负责电讯联络的印度人，跟他学习英语并从他那里学到电报知识。张恭荣由此对电讯业及其技术产生了浓厚的兴趣，一有机会，便不忘读书。两年后，大哥将开办的良丰药房交由他负责管理，他坚持在药房收工以后，继续到电讯专门学校学习。1948年，张恭荣从香港电讯专门学校第8期毕业。而他负责管理的药房生意不仅没有被耽误，反而由于他的商业头脑和苦心经营越做越大。1950年，朝鲜战争爆发，中国"抗美援朝"，需要大批药品支持前线，张恭荣经营的进口药品热销到内地。良丰药房在短短几年间便成了香港四大药房之一。

1955年，由于药品经营受到挫折，张恭荣离开良丰药房，重操航海旧业。他到美国么拿公司的咸美顿港口货船（Hamiton Harbour）当船员，又一次开始了海上漂泊的生活。为了生计，他与咸美顿商船签订了两年的行船合约，每月有300元的薪水。因为远洋船上的人回家机会极少，船员们都自嘲如同服刑。这时，张恭荣的大儿子敬石刚出生不久，他自己却要远航，航行于中国各港口以及新加坡、马来亚、泰国、越南、印度尼西亚、缅甸、印度、锡兰（今斯里兰卡）、日本、南韩（今韩国）等地，航程长，一走数月，妻儿守在家中难以相见。货船上的船员不乏酗酒、赌博、抽鸦片者，而张恭荣却经常到船上的电讯室，向一位苏格兰同事学习英语，学习收发电报，打下了扎实的电讯基础。

1959年，张恭荣到合众汽车有限公司汽车零件部当仓管员，工作十分辛苦。他埋头工作和学习，后来管理整个零件部。按照港英当局"法律"，公民必须选择民众公益事务，张恭荣加入民安队（即后备警察），每周末被派接受驾驶大型八轮军车的培训，他在民安队坚持了8年。期间，合众汽车公司买进一批GMC大货车，经理见他有驾驶大型汽车的技术，就交由他管理，后调任九龙分公司汽车部经理。1965年，合众汽车有限公司被大昌汽车行收购，张恭荣被任命为合众汽车有限公司营业部副经理，开始走上经商之路，并有了不菲的收入。

搏击商海，事业蒸蒸日上

张恭荣一贯能吃苦耐劳，重视学习，珍惜任何发展机会。1970年，张恭荣将在合众汽车有限公司任副经理时的积蓄，开始用于自己的商业投资。他从200辆二手汽车开始，创办荣利公共汽车有限公司，将旧车改造翻新为14座的公交车，这批汽车被统一喷成金黄色，往返于香港新界大小街道，方便市民出入，获得各界好评。他扬

香港企业家张恭荣先生（照片源自《桑梓情——张恭荣传记集》）

了名，又挣了钱。有了资本积累，他又开办汽车、电单车（摩托车）贸易公司，多方面拓展营销。张恭荣多次赴日、韩、英、法、葡萄牙等国进行商务考察，预测并发现了电讯传呼业的商业机会。

1973年，张恭荣将荣利等公司交给部下去管理，自己与一位日本商人合作，全力开始了在电讯方面的研发。他申请成立香港电讯服务公司，并投资经营，大规模生产传呼机，租赁香港70多座楼宇顶层安装发射塔，信号覆盖全港，继而在澳门、广州、深圳以至整个珠江三角洲发展公司独立的覆盖网络。随着移动电话（大哥大）的出现，张恭荣开办了香港独家代理、维修、销售摩托罗拉手机的公司，形成了集通信、贸易、生产、房地产于一体的产业链条，有了包括数十家公司的集团公司。

富而不忘根，一心系家园

抗战以后，张恭良、张恭荣兄弟的事业有了建树，对香港社会持续做出贡献。张恭良先生治家有方，又对家乡一往情深。他育有二子四女，先后获博士学位或就任教授、医师、律师等职位，他（她）们分居于美国、英国、澳大利亚等国以及中国香港等地区，个个事业有成，在当地社会享有盛名。1980年，张恭良已是古稀之年，正逢祖国改革开放时期，他回到阔别50年的家乡葛洲。半生顾念，他带着感恩之心，走在村中，与乡亲们问寒问暖。当时的葛洲人口已有6000多人，但没有一所完整的学校，学生分散在6处旧祠堂上课，没有专门的教室，700多个学生按半日制安排上课，还有许多适龄儿童没法入学。

眼见家乡这些困难，张恭良与弟弟张恭荣商量，一起捐资兴办葛洲学校和达濠中心幼儿园（二期），让乡里的孩子们读书。张恭荣先生不忘祖训，不忘根本，宅心仁厚，行善积德，在大哥的带领下，兄弟俩一同倡设乡村教学基金。为了保证长期对学校的资金支持，还在达濠新建一座工业大厦，将租金收入作为养校和奖教奖学经费，以此还带动了其他旅外乡亲合力建成达濠华侨中学和达濠华侨医院。

葛洲学校（杨伊园 摄）

　　张恭良先生一生节俭，子女们谨守孝道，不管近在咫尺还是远在异国他乡，逢老人生日或其他节日，都尽量赶来设宴欢庆。张恭良先生自回到葛洲之后，便婉拒了儿女们设宴铺张，提议将设宴的钱拨到他的银行账户，既喜得儿女情，又免得他们跋涉奔波。他积累起来的这笔"私房钱"可不是一个小数目，他把这笔钱作为退休之后奉献给葛洲慈善事业的基金。而自己和太太则长期居住在一间八九十平方米的楼房，粗茶淡饭，生活简朴。这个做法也深刻地影响了他的弟弟张恭荣先生。

为善最乐，感恩为怀，奉献桑梓

　　1981年，张恭良、张恭荣先生一起来到葛洲，乡亲们热情地迎接他们，对他们表达了深厚敬意。此后，张恭荣继承兄长爱国爱乡之心，频繁地踏上回乡路。数十载春夏秋冬，他从香港来到葛洲，融入家乡，而在家乡的每一项善举，对家乡每一项公益事业的捐赠，都必念及并感恩大哥。从1982年开始，张氏兄弟每月拨出10万元，委托村干部按月发给贫困户，这一项善举维持了20年。以张恭良先生之名捐献给家

侨爱在葛洲（陈智生 摄）

乡教育、医疗卫生和慈善等项累计2000多万元。（见表4-1）这在当年可不是一个小数目。1991年，汕头市人民政府授予张恭良"汕头市荣誉市民"的称号。[①]

张恭荣先生先后设立葛洲福利基金会、达濠福利基金、达濠社会治安基金、汕头海外联谊会张恭荣慈善基金、汕头市张恭荣桑梓文学奖、北京少数民族人才培训中心基金等，包括前期捐建葛洲学校、幼儿园、达濠华侨医院、达濠华侨中学、康复中心，购置医疗设备及药品，捐赠达濠区政府办公楼设备，捐资支持关心下一代工作委员会等，总计捐资6000多万元人民币。

---

① 参见陈焕展、郑明标《桑梓情——张恭荣传记集》，香港艺苑出版社2003年版，第137页。

表 4-1 张恭良、张恭荣先生捐资情况

时 间	捐资名义人	捐资项目	捐资额（人民币）	备 注
1981年	张恭良、张恭荣	葛洲学校	400万元	建筑面积5000平方米
1998年	张恭良、张恭荣	葛洲恭荣幼儿园	230万元	建筑面积2400平方米
1982年起	张恭良、张恭荣	资助贫困户	每月10万元	每人每月120元、大米20斤，持续20年
1982年起	张恭荣	葛洲福利基金会	300万元	—
1994年	张恭荣	葛洲便民诊所	50万元	—
2000年	张恭荣	张恭荣康复中心	1300万元	汕头市濠江区达濠礐石风景区内，占地35亩，建筑面积17178平方米

乡村福利会（陈基跃 摄）

设立乡村福利会的时候，张恭荣先生多次给老人分发慰问金和大米等慰问品，逢农历初一、十五，福利会固定供应饭菜，乡里老人团聚在一起吃饭，唠家常，宛如一幅幅家乡风俗画，贴心温馨。寒冬季节，张恭荣先生到特困户家中去，送棉衣、棉被，嘘寒问暖。为了鼓励葛洲学校的教师能长期坚持扎根乡村教学，葛洲福利会还发给他们固定的生活补助。这一切，张恭荣先生一做就是20年。

在葛洲敬老院大厅中，张恭荣特别立其大哥张恭良先生的铜像。他的这些做法是为告诫子孙后代，告诫乡亲族彦，人贵是一种精神、一种品格。村中不论是敬老院、中小学、幼儿园、宾馆、康复中心，还是张家祖祠或其他慈善项目，凡张恭荣先生捐资兴办的，都一一镌刻上"张恭荣率敬石、敬山、敬安、敬川、敬峰捐赠"。张恭荣先生有四个儿子，张敬安是他的侄子，是张恭良先生的儿子。这是一个善德无量的老人对大哥恩情的敬念，也是对后代的深情教诲，他将自己的这种感恩之情潜移默化地传给了下一代。

故土难离，情系家乡

张恭良、张恭荣先生兄弟俩情系桑梓、扶贫济困，在村中家喻户晓。葛洲村有个恭荣善社，两副楹联分别写道："广积福田功昭日月，劝善积德泽被云天""善乃至宝一生用之不尽，心作良田百世耕之有余"，体现了张氏兄弟的慈善情怀。

张恭荣先生晚年一直住在葛洲村里。青壮年时期的坎坷经历，使他对祖国、故乡感念至深。他晚年在葛洲，其时，正是中国改革开放蒸蒸日上的时期。他走在乡土上，呼吸着乡间田野的气息，倾听着大海的涛声，他挚爱的乡土令他感到如此温暖！他的父母、两个弟弟以及兄长先后在香港逝世，是他将他们一一送回葛洲，让游子的心在故乡安息。

（本节主要参考文献：陈焕展、郑明标《桑梓情——张恭荣传记集》，香港艺苑出版社2003年版。）

张美兰，盛放在越南的潮人女人花

张美兰是葛洲村质公祠十九世盛著公的后代，生于越南西贡。20世纪90年代，一家叫"万盛发"的商家在世界经济阵容中崭露头角。人们发现，在越南这个期待崛起的东南亚小国，"龙头"企业正是张美兰创办的万盛发集团。坊间因为万盛发的兴旺气象而将张美兰视为越南首富。万盛发是孕育于越南的中国人的商业传奇，更彰显了以经商见长的潮汕人的特质。

张美兰有着藏拙蕴香的气质，先祖开创的和顺发行的东山再起，一直是她的期待。她从年轻的时候起就用自己的恒心、智慧和付出，继承一代代先人的商业基因，艰苦创业，不言放弃，创造了万盛发的商业奇迹。她续写了潮人敢闯天下、利通万里的商业故事。

万盛发在创业之初，有其艰难的发展史和创业者的奋斗史。而张美兰的故事，有初心雅量，有天时地利人和，有美丽的青春奉献，有汗流浃背的苦乐年华。美兰如斯，万盛发如兰芳初发，又喜逢盛世。如今，她扬名世界，家乡的父老乡亲每每想起远在异国"小葛洲"的张氏祖厝巷，便会对声名远播的"越南张美兰"感到自豪。

先人背井离乡，只为谋生求发展

张美兰在越南创办的万盛发的源头，可追溯到清道光年间张盛著创办的和顺发商行。清末，潮汕各地连年饥荒，官府无能，民生凋敝，盗贼四起。年轻的张盛著不甘就此穷困一生，他与众乡亲从葛洲渡口乘船去澄海樟林港，从那里乘红头船下南洋。史料记载，清乾隆、嘉庆、道光、咸丰年间，从樟林古港乘坐红头船漂泊到南洋的人数以到暹罗的潮人为最，累计有150万之众。"背个包鼓去暹罗"的"过番客"并非幸福地远游，而是苦难和抗争的开始。能在异国他乡发达，实在是来之不易。葛洲人大部分有海上捕捞和水上运输的经验，他们登上越南西贡的浸石（也称"掺石"），特长得到更为充分的发挥。船运是越南南部活跃的运输方式，也是华侨最好的谋生手段，许多人到西贡后当上了船工。西贡是越南重要的稻作区，可容纳大量的劳工，葛洲人张盛著于是在此兴办劳工行。

和顺发的初创与传承发展

葛洲人到越南西贡，最早可追溯到100多年以前。西贡与葛洲同是滨海，葛洲人熟稔海上捕捞的生计，敢于搏击风浪，这或许是初来乍到的葛洲人的优势所在。在异乡的葛洲人携亲带故，宗亲间抱团取暖，扭成一股绳，其力量往往比孤独的"市篮客"① 要强大得多、温暖得多。

张盛著到越南南部不久，在西贡森蕉代（即浸石）获得了较好的商业发展，他从创办商行、运输行、火砻②、劳工行开始，逐步发展"和顺发"这个商号。从唐山（港、澳、台同胞和海外华侨称祖国为"唐山"）来的葛洲乡民或族人非亲即故，他们来到越南后就投靠他，有着血缘、亲缘、地缘关系的乡里乡亲起码能因为和顺发而有了安定的生活，而和顺发也因此有了充足的劳务工。这样，西贡浸石成为漂泊于海外的葛洲侨民得以停靠的"驿站"。

葛洲人最初到西贡，正逢《中法天津条约》签订前后。1885年，越南成为法国的殖民地，法国殖民当局大量吸收中国的劳动力，利用华人开发和建设已占领的土地。这是"安南华侨唐山客"的历史真实写照。早在1865年，西贡就设立接待华人的移民署，华人到达时，无须任何证书、护照和旅行证明，但必须加入帮会，以保证有纳税（居留税）的能力，华人社区中因而形成了广肇、潮州、琼州、福建、海南、

---

① 市篮是用竹篾编制的篮子，分层并叠盖。旧时潮汕贫穷人家"过番"用于盛装衣物等的竹器，当地人称为"市篮"。

② 旧时碾米的机器称为"火砻"。早期华人的火砻业发展对泰国南部稻作区产生积极的作用。

福州、客家等帮会。据1879年的统计，交趾支那（法国殖民地时代越南的称呼，包括越南南部、柬埔寨东南方。首府是西贡）的华人约有44000名，至1886年，在当地的1745000名居民中，华人数量上升至56000人，其中西贡约有7000人。当时越南的华人很少务农，主要是由于卜居地可耕的土地极少。这给了和顺发发展壮大的机会。

张盛著为土生土长的葛洲人。根据汕头东墩张氏《怀远堂族谱》和张美兰女士资助出版的越南葛洲质公祠《张氏家谱》所载，当年到越南谋生的张盛著为汕头东墩张氏怀远堂一世祖之第十九世裔孙。《张氏家谱》载：入潮张氏之先人为肇始于"黄帝君临天下"之后，受封赐于"世居清河"的

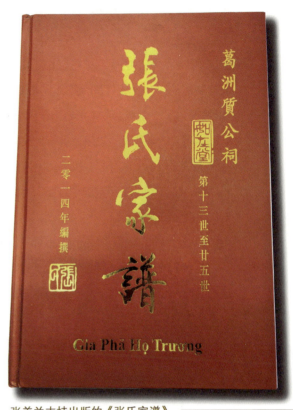

张美兰支持出版的《张氏家谱》

挥公（字彭夷，号玉爵）。张氏肇始地清河县（今属河北省邢台市）人杰地灵，挥公的后裔人才辈出，有西汉留侯张良、唐丞相张九龄等。张九龄公定居于广东曲江县，后来子孙迁至福建莆田古漳石狮一带，其中有一脉南迁至潮州鸥汀陇头（今汕头市龙湖区鸥汀街道鸥上居委），即张氏入潮始祖漳源公（字豫潮）。漳源公有四子，其中三房潜东公卜居澄海东墩乡（今汕头市金平区广厦街道），为怀远堂一世祖。怀远堂系十三世玉质公，于明朝年间卜居达濠葛洲乡，至张美兰的先祖盛著公为第十九世。①

其时的越南，商人以米商最多，但米业实权实际上由华人操控。堤岸是邻近西贡的工商业中心，华人砻谷厂（即碾米厂）林立，内河航运也多由华人操控。当时西贡是世界三大米市之一，米源来自湄公河三角洲，世界各国商人云集西贡购买大米，水

---

① 参见怀远堂理事会编撰《汕头东墩张氏怀远堂族谱》（2007年编印本）、《张氏家谱》（越南，2014年）。

路运输频繁。① 和顺发的船只主要穿行于西贡至越南西南部地区。和顺发行专门建造木船、经营水路运输与劳工业务，专为码头货船装卸货物提供劳工，而这些劳工基本上是潮州人。繁忙的生意和充盈的商机，令张盛著发展了木船建造和维修业务，他的商行制造的"大驳载"（即大型木制货船）运载量大，给和顺发带来难得的商机。用"顺风得利""一帆风顺"来形容当年和顺发的生意兴隆是十分恰当的。

盛著公为人质朴、忠厚、睿智，深得乡民爱戴。在他的带领下，和顺发在以后的几代人中都秉承发家行善、接济贫困人士的传统，特别是当时中国国内战火不断，民不聊生，许多潮汕乡亲被迫"过番"，漂洋而来，和顺发都极尽所能地给予照顾，或安排生活，或安排工作。②

盛著公晚年回到家乡葛洲，敦睦邻里，深受乡人爱戴。他于清宣统年间寿终于葛洲。

盛著公育有三子（怀远堂第二十世）：俊杰（字永泉）、俊英（字永泰）和俊雄。俊杰育有六子（第二十一世）：锡鸿、锡鸣（字祥占）、锡鹊、锡鹗、锡鹦（字祥辉、士辉）、锡鹏，俊雄育有一子锡隆、一女美珍。和顺发第二代传人由盛著公次子张俊英担任。俊英于清末民初回到葛洲，俊英的大哥俊杰之次子张锡鸣担任第三代传人，可惜张锡鸣英年早逝，31岁便卒于越南。这样，和顺发的第四代传人便由俊杰之第五子张锡鹦担任。张锡鹦生于民国初年，曾留学法国。张锡鹦担任和顺发掌门人时期，正遇上越南连年战乱、天灾不断，特别是1936年至1939年，越南社会、经济处于严重凋敝的时期，和顺发行难以为继，经营困难，加上管理不善，于1937年被迫全面停业。张锡鹦后来移居香港，在香港逝世，寿年70岁。③

和顺发和它所处的越南社会及历史背景

历史上，越南与中国有着友好的关系。早在公元前222年，秦始皇派兵平南越，越南北部即隶属中国。公元前111年，汉武帝取越南，析其地为九郡，南三郡为交趾、九真、日南，置交州刺史领之。越南在公元10世纪走向独立，与中国的关系友好，外交从未断绝，遣使诣阙，史不绝书。十八九世纪，英国、法国等西方列强争夺殖民地。19世纪60年代，拿破仑三世雄心勃勃地推动在意大利、墨西哥和越南的

---

① 参见朱杰勤著《东南亚华侨史》，高等教育出版社1990年版，第222页。
② 参见《张氏家谱》，越南，2014年。
③ 参见《张氏家谱》，越南，2014年。

海外征服活动。拿破仑三世派遣一支法国海军，占领了位于越南南部（即交趾支那、南圻）的湄公河下游地区，并将此地变成属于法国的保护领地。法国海军将领以西贡为中心，对南圻实行殖民统治。到19世纪80年代，法兰西第三共和国在工业资本利益的驱动下，开始发动对越南领土的征服的战争。越南人予以反抗，但被法国人平息。1882年，越南王室投降，越南最后的王朝阮朝政府因而成为法国人的傀儡政府。南圻成为越南殖民地体验最为深刻的地区。1884年，越南北部东京（原北圻）、安南（原中圻）沦为法国"保护国"。这时法国人把越南划分为三部分，即东京、安南与交趾支那（原南圻），连同柬埔寨、老挝，合并为法属印度支那联邦，殖民统治中心设在河内。① 越南沦为法国殖民统治的悲惨现实，激起越南贫困农民多次起义。自20世纪30年代起，中圻北部的义安、河静两个地区均爆发了农民抗税斗争，并蔓延到城镇，许多地方兵荒马乱。新成立的印度支那共产党迅速派出代表介入斗争，建立了义静苏维埃政权。1931年，法国人镇压了这两个地区建立的所有苏维埃。这期间，许多到法国留学的越南学生在巴黎接受了激进的思想之后，于20世纪30年代初期回到越南，有些人主张摆脱共产国际的控制而发动革命，并在西贡创办法文报纸《斗争》，成立"斗争"组织。斗争派积极地组织工人，同时积极报道劳工事务。②

越南工人运动的兴起，对保有一定资本的和顺发造成严重冲击，并导致停业。许多客居越南的华侨憎恨法国的统治，于是送子女回国读书。本书前文介绍的祖居葛洲佘厝巷的佘畯南回国读书的经历大致也在这个时期。

万盛发顺承先祖家训

1991年，停业50多年的和顺发"老树"萌发了新枝。第四代传人张锡鹗的四哥张锡鹗（张氏第二十一世），其长子张文苑（张氏第二十二世）的子女重新唤醒了沉寂了50年的和顺发祖业。张文苑育有长子敬和、次子敬平和长女美兰，令和顺发东山再起的正是张美兰。她与两位哥哥合作，发起成立了和顺发教育暨培训股份公司，并将和顺发更名为"和顺发商业投资业务股份公司"，诚请两位叔父丰裕、丰庭主持公司业务，发展教育、文化、慈善事业。这样，和顺发顺承了从前的家族管理模式，

---

① 参见朱杰勤著《东南亚华侨史》，高等教育出版社1990年版，第169页。
② 参见［美］罗兹·墨菲著《东亚史》（插图第4版），林震译，世界图书出版公司北京公司2012年版，第443页。

老树重新发芽。

和顺发商业脉系之张美兰的故事,大约潜藏着乡愁、根脉的力量。1973年,张美兰的父亲张文苑去世,年仅17岁的她迫于家庭的困境,过着半工半读的生活。苦难是人生的导师,家庭的这场变故激励张美兰奋发作为。1975年,越南南方解放,未满20岁的张美兰在西贡市最大的滨城市场西门249号开起了"玉顺"大商店,经营化妆品、布料等日用品。玉顺像早年的和顺发行一样重视诚信,信誉好,货源足,生意一路红火,批发生意遍及越南各省市,产品外销至邻国柬埔寨、老挝等。红火的生意带来了较为丰厚的利润,经过10多年的商业积累,张美兰的事业一步步崛起。1988年,她成立了旅游物资设备中心,专营高档设备与相关物资。1991年,她乘着越南革新开放的东风,成立了万盛发私营公司,从事电子产品、汽车等贸易。1992年拓展为万盛发责任有限公司,专营房地产、租赁、商场、酒店与旅游业等。张美兰搏击商海,一步一个脚印地往前闯。

1992年,张美兰结识了港商朱立基先生,两人从相识、相知、相惜到相爱,于1993年喜结连理。张美兰自此如虎添翼,这一对商业精英成了人人羡慕的幸福夫妻。

如今,万盛发集团已经发展成为扬名海内外的越南著名企业,其诚信经营,服务到位,有口皆碑,旗下的五星级温莎酒店、银亭海景海鲜酒家、德堡酒吧、天府香四川菜馆、美食咖啡店以及豪华高级公寓Sherwood、胡志明市商业繁华地段的时代广场等,占尽地利,一直保持旺盛的发展势头。[1]20年多来,张美兰所创办的万盛发公司不断发展壮大,为越南当地的经济、社会、公益、文化和教育事业等方面的发展做出了巨大贡献,同时,也为中越两国友好关系和两国人民的友谊做出了积极努力。笔者在与旅居越南的第三代华侨、越南潮州会馆主席林忠良先生交谈时,他对万盛发赞不绝口,不时竖起大拇指。

2011年,张氏家族荣获越南政府颁发的全国著名"企业家家族"称号,这是越南华人中唯一获此殊荣者。据《西贡解放日报》报道,4月30日,在胡志明市隆重举行的"'四·三〇'南方解放、(越南)祖国统一36周年暨'五·一'国际劳动节125周年纪念会"上,越南国家主席向多个集体和个人颁发独立勋章和劳动勋章,时代广场公司董事长朱立基和万盛发公司董事长张美兰夫妇分别获三等劳动勋章。获知

---

[1] 参见杨群熙著《潮人在越南》,(香港)公元出版有限公司2003年版,第30页。

张美兰夫妇获得越南国家主席颁发三等劳动勋章，中国驻胡志明市总领事许明亮向张氏夫妇发去贺信，表示热烈祝贺。①

富而不忘亲人，对祖国、对家乡充满眷恋

2011年，张美兰专门邀请在葛洲的叔祖父张锡隆到越南胡志明市。86岁高龄的张锡隆老人踏上越南这块土地，百感交集，思绪万千。

1925年，张锡隆在越南出生，未满周岁时，父亲（张俊雄）及母亲将他带回葛洲。1937年，他12岁那年，中国抗日战争爆发，母亲又把他及妹妹带回越南西贡避难。由于家族的需要，父亲一个人留在家乡管理家产。张锡隆重返西贡，一住10年。当时其堂兄张锡鹦担任和顺发行第四代负责人，正是家族企业和顺发遭逢乱世，由兴盛走向衰落的时期。1947年，22岁的张锡隆和母亲回到葛洲与父亲团聚，父亲在家乡葛洲为他办了婚礼，自此，西贡的家成为他永远的牵挂。他的妹妹张美珍一直居留在西贡，在越南成家，兄妹二人几十年来未曾谋面。

64年后，侄孙女张美兰圆了张锡隆的梦。老人重访阔别64年的胡志明市，探望了胞妹张美珍及众多族亲，心中万分感慨。张美兰见叔祖父耄耋之年仍身体硬朗，不远万里重返越南，专门腾出时间与他拉起家常。这个时候，张美兰是扬名国内外的越南著名企业家，她艰辛的创业历程令老人百感交集，唏嘘不已。

张美兰对自己的成功这样说："那是天恩眷顾我，祖德赐福荫、国家的开放政策给了我机会，还有公司全体员工的努力与奉献、亲朋好友的协助与夫家家族成员的团结一心，是这些条件的融合，给予我动力与成功！"

张美兰未曾回过祖居地葛洲，但她支持其族亲为家乡办好事。她通过亲人给葛洲学校捐献了一批电脑，在张厝巷重修祖屋，在越南修订本族系家谱，支持在越南的学子到中国西安交通大学读书……这些举措，让人们看到这样一个张美兰：人在他乡，心怀故里，缅怀先祖，不忘炎黄。

（本节叙事参考张锡隆口述、陈川记录《六十四年后重访越南》，见《张氏家谱》，越南，2014年，第71–72页。）

---

① 参见《张美兰夫妇分获越南政府颁发的三等劳动勋章》，见《潮商》2011年第3期，第49页。

葛洲乡第一座洋楼——训庭别筑

1933年,在南洋闯荡而发家的葛洲人陈训庭,回乡时在葛洲购得一块地,要建一座别具一格的房子。他心慕曾在汕头埠打拼时日日所见的楼房,希望房子能有潮汕建筑传统的"潮汕厝"格局。经过5年的苦心经营,他终于建起了一座冠以"别筑",外观为西洋风格、内室是潮汕传统民居的小洋楼——训庭别筑,这座洋楼成为葛洲第一座洋楼。这座洋楼一出现,便以别具一格的风格而引人注目。这是一个村民在走南闯北中升华起来的生活理念。从此,众多葛洲人的建筑理念有了改变,村落中民国时期的建筑大多带着这个特点:既保留"潮汕厝"的传统,又吸收西洋建筑的优秀元素,构成了一座村庄的建筑大观。

训庭别筑为二层钢筋混凝土框架洋楼,外观为巴洛克建筑风格,里屋是潮汕传统建筑的"四点金"格局,中西建筑风格融于一体。进入大门,有天井,仰望可见叠楼的栏杆,小巧的木梯只容一人上下,很陡,行走时手要抓住扶栏,留意头顶,手脚并用。这是旧时吊脚楼的特点,汕头埠早期的楼房普遍是这种结构。别筑的厅房格局非常别致,给人"室雅何须大,花香不在多"的潮人雅致的生活的感觉。正对门的是厅堂,分上下两室,天井的上下采光非常柔和,四四方方的堂屋紧凑而别致。别筑外面的匾额有繁而不杂的泥塑、灰塑,翼形的花芽,檐口穗带,拱肩,点缀着狮子戏球造型,大门前墙各种浮雕和线刻塑以断山花、漩涡饰、石膏线、圆拱曲线等繁复装饰的

葛洲首座洋楼——训庭别筑（袁笙 摄）

图案和线条，花鸟（凤凰）、松柏等代表着东方传统的吉祥图案也嵌入其中，可谓尽情渲染，热闹而喜庆。陈训庭先生担心屋后一块硕大无比的陋石或被开挖，或被作他用，影响别筑地基，更在乎这块"石敢当"的巨石对于别筑的意义，便不惜重金，用3000块大洋买了下来，刻以"陈宅己石"四字，寓以基石"坚如磐石"之意。

一座总建筑面积只有160平方米的两层小洋楼，主人竟然花费了5年的时间建造，可见其修筑训庭别筑费尽苦心。80多年世事沧桑，这座小小的别筑却宁静无言。可以想象，这座剔透玲珑的别筑落成的时候，定然引发众人的艳羡和惊呼。

以今天的眼光来看，在一个传统的村落里筑建这样一座别致的洋楼，确有"衣锦还乡""光宗耀祖"的潮汕人传统心态的流露，而更多的是，陈训庭先生长年在汕头埠、香港和海外打拼，受域外生活观念的熏陶，试图以这样一种方式来实现自己的人

训庭别筑（陈江河 摄）

生理想，也表达出其传统观念与外面的世界在碰撞中所升华的建筑理念。这是民国社会生活的缩影。许多生活智慧更多地表现在精雕细琢上，在这座建筑物上则体现为对墙体和墙面上的灰塑、泥塑等的描画和雕琢以及色彩的运用上。

陈训庭先生早年在汕头埠怡安街开设"光大行""光生行"，经营船上配餐。生意红火之后，在香港地区以及越南等地也开设"光大行""交菜馆"。民国十七年（1928），陈训庭先生还在越南的时候，就寻思着在家乡寻找叶落归根之所。回到葛洲后，他聘请汕头埠的建筑师来葛洲设计造屋。

汕头开埠于1860年，其时受西洋文化的影响较深，城市的开发和建设以民国十二年至十五年（1923—1926）升平路小公园圆心的形成为标志。两次担任汕头市市长的大埔（今属梅州市）人萧冠英（第一次任职是1923年年初，任期4个月；第二次是 1927 年，次年年初离任）对汕头市政规划建设倾注了大量的心血，道路建设规划堪称当时国内城市交通规划之领先者，建筑融入生活理想和人群普遍的价值观。后来，大埔人范其务继任市长，参考欧美等国家道路交通建设的方案，颁布市政改造规划，着手改造多条街巷的交界处，填平福合沟，使升平路圆心后来演变成"五路圆心"的小公园商圈。吊脚楼、人行街、商铺规划有序，大小街巷纵横交错，"四永一升平，四安一镇邦"的城市格局令人叹为观止，中西合璧的"叠楼"、"五脚砌"、"晒坪"（即阳台）等元素构成的洋楼鳞次栉比。这些变化直接或间接地影响了训庭别筑的构建。

训庭别筑之"别"，一定程度上承载了主人对汕头埠建筑的神往。考虑到占地不大，别筑既融入西洋、南洋风格的元素，又兼具传统乡村建筑风格，凹肚门楼、石门斗、门神、金漆屏风闪门、插香花瓶壶等传统元素应有尽有。门楼正立面的三开间居中，平面布局为四厅四房一天井。屋顶保留子孙楹①及彩绘，同时保留潮汕民用建筑中的"厝角头"（山墙），遵循五行中的"水"格，顺应葛洲建筑群大量的"水格"型制。葛洲建筑还保留诸多"大波浪"山墙，这是沿海渔村建筑普遍的特点，"大波浪"山墙更为海上渔民所钟爱。屋内子孙楹架的木垫块饰以桃（寓意"寿"）、石榴（寓意"多子"）、佛手（寓意"有福"）、林檎（即番荔枝）等吉祥图案，过渡自然和谐。

训庭别筑融建筑文化、乡土文化和华侨文化于一体，是葛洲乡第一座洋楼、第一座侨宅，承载了一位离别故土的葛洲人、一位民国商人的乡愁……

---

① 子孙楹是潮汕民居厅堂里的楹梁结构，中楹之下另有小楹，故称"子孙楹"。

越南有个"小葛洲"

大约200年前,出于逃避战乱、寻求生计的原因,葛洲乡有一批人下南洋,成为本村最早远赴南洋的侨民。第二次鸦片战争之后,随着汕头开埠,潮人纷纷下南洋,掀起了潮人移居海外的又一次浪潮。葛洲不乏从小"习海事、知海情"的人,他们即便身无分文,无法购买船票,也晓得通过关系到船上干苦力活以换取单程船票,获得到南洋去打拼的机会。当地人称这种做法为"食饭赌船租",即船主只给饭吃,他们在船上白干活。只要能到船上,他们什么活都干,当服务生侍候客人,或当搬运工、机械工、水手等,这样既有饭吃,又能下南洋,一举两得。对船主而言,雇得最低价又能干活的劳力,何乐而不为?在旧时艰难的年代里,这种情况属于常见,或是民间的一种生活智慧。据越南张氏族谱记载,清道光至咸丰年间,乡人张盛著携亲带故到越南谋生,后立足于越南社会。为寻求资本的最大化,张氏商业一方面发展船运业,一方面开办劳工行,使得更多的葛洲人落地越南,并得到他的帮助。葛洲张氏等乡人在当地加强团结,带动了更多的葛洲人来到越南立足,从而形成了越南也有一个"葛洲"的独特现象,葛洲人称之为"小葛洲"。"小葛洲"现有人口1万多,甚至超过国内的葛洲。关于葛洲人下南洋或许在更早以前就已经发生的说法,囿于资料不全,未能考证。

明朝时期,葛洲乡人是否去了越南,目前还没有资料或口信可以证实。但明朝的"禁海"政策,对聚落而居的葛洲先民而言，是艰难的生存挑战。明洪武年间，中国沿海地区常遭海盗、洋盗等袭扰。当时的明王朝政权虽然已确立，但还未巩固，元朝的残余势力，当年与朱元璋争夺天下的方国珍部下等仍活跃于东南，海氛未靖。① 为了维护立国不久的明王朝的稳定，洪武四年（1371），朱元璋颁布了"片板不得下海"的海禁政策。其后颁行的《大明律》更规定："凡将马、牛、军需、铁器、铜钱、缎匹、纱绢、丝绸私出外境货卖及下海者，杖一百……物货船车并入官……若将人口、军器出境及下海者，绞。因而走泄事情者，斩。"整个明朝，"海禁"像道紧箍咒，紧紧地箍住了东南沿海的百姓，沿海居民历经多次海禁，苦不堪言。② 这个时期，葛洲乡民正在防御海盗的袭扰中举乡搬迁，从清江乡迁至凉亭，一直在孤悬于海上的达濠小岛上生活，这个时期或有零星乡民移居海外。

明朝后期多次颁布海禁政策，朝廷的严厉管束一直没有停止，但对与陆地相隔、孤悬于海上的濠岛渔村而言其势稍逊，不过海村生活仍然飘摇不定。自明隆庆"开关"到崇祯"锁国"的77年间，农民纷纷起义，国土难安。清王朝入关后，明朝的忠臣义士反抗清政府的民族政策，大批撤退到东南沿海继续抗清，③ 局势依然动荡。到了清康熙年间实施斥地政策，潮阳砂浦都被列入斥地之内，村民纷纷投靠斥地界线以外的宗亲，泪别家园，流离失所。

动荡的局势迫使更多的人为寻找生活安宁做出移民海外的决定。"1870年以后，华人移民大量涌入东南亚各国商业发达地区，或经商，或充当种植园和矿山的劳工。华商很快就垄断了东南亚所有城市的零售业。……而在越南，华人控制了绝大部分的大米出口贸易。由于华商常会兼营放债业务，又控制了绝大多数店铺，因此，东南亚土著痛恨他们。不过，殖民者却对这些有用的华人劳工和可充当商业经纪人的华商持积极的欢迎态度。……华人在东南亚的许多地方都喜欢住在一起，坚守自己的传统文化，常遭到当地居民的歧视。到第二次世界大战爆发之前东南亚华人（几乎全都住在

---

① 参见朱杰勤著《东南亚华侨史》，高等教育出版社1990年版，第54页。

② 参见张培忠著《海权战略：郑芝龙、郑成功海商集团纪事》，生活·读书·新知三联书店2013年版，第10页。

③ 参见张培忠著《海权战略：郑芝龙、郑成功海商集团纪事》，生活·读书·新知三联书店2013年版，第10页。

城市）总数达到了1500万人。"① 上述《东亚史》所叙述的年代，正是葛洲乡民早年到越南谋生的时期。当时，越南受到法国殖民主义统治，越南国内大量的开发极需要劳工，已成法国傀儡的阮朝统治者对华人的到来持欢迎态度，他们将华人安置在中圻、南圻等地，法国殖民者则采取利用和限制政策，加紧对华人的盘剥。这个时期，清政府对海外贸易及华人移民虽持开放态度，但对海外华人所在国的干预力量微弱，甚至丝毫不起作用，许多海外华人只能求靠帮会势力，通过建立同乡会等帮会抱团取暖。葛洲侨民到越南后，因为有可靠的本村潮商的帮助，较早取得拓展的机会。

越南与我国壤地相接，自古以来，中越两国人民往来频繁，关系密切。葛洲先民凭借原有的渔村生活经验，从事水上运输业、码头、堤岸火砻加工（碾米）以及劳工行的经营，很快适应于当地社会。"'中国人是太平洋区的犹太人，因这两民族的经济活动与社会地位是相似的。……' 中国人所以能够经商，能够致富，其原因当然复杂，但不外本能、训练、健康与环境四个主要原素。有些人对于商业有天然的本能，再加以训练，再加以强健的身体，无论处于顺利或拂逆的环境之下，他们必能发展其事业。"②

初到越南，必经浸石上岸。浸石今为浸石郡，越南胡志明市第四区。"浸石"当地发音为"森蕉"。越南当地话"浸"是村庄的意思，实际上当时就是荒村；"石"是草席。越南人称，当年初来乍到的中国侨民身无分文，唯有一张草席可以过夜。浸石是唯一可在西贡上岸的码头，所有到西贡的人必先在浸石居留，找到工作后再逐渐走出去。葛洲先民其时就是先在浸石扎根，抱团取暖，然后通过浸石踏入越南社会。初来乍到的人在这里过着艰苦的生活，寻找机会发展。浸石因而留下葛洲人的生活足迹，他们在这里造屋，甚至建宗祠，潮汕的文化传统因而被带入了越南，生根发芽。

当年的许多商业人士发现越南南部经济发达，物资充盈，人口众多，商业机会多，适合营商。于是，更多的人汇集在浸石，同乡们合力，维持稳定的生活基础和商业基础。当地需要大量的劳工，张盛著等华侨就优先考虑雇用同乡到和顺发当劳工，解决他们暂时的生活困难。和顺发因而在运输、商贸、服务业等方面顺利推进。其船

---

① ［美］罗兹·墨菲著：《东亚史》（插图第4版），林震译，世界图书出版公司北京公司2012年版，第433页。

② 陈达：《社会变迁的一个原素：移民的影响》，见陈达著《南洋华侨与闽粤社会》，商务印书馆2011年版，第76页。

19世纪的越南胡志明市堤岸，潮人每逢节日都举行传统的舞狮活动（图片由黄赞发提供）

只穿行于西贡至越南西南部大部分地区。并建造码头，经营水上运输、仓库储运，又为其他码头的货船装卸等提供劳动工人，获得利润。繁忙的生意、充盈的商机让和顺发如虎添翼。葛洲人张祥耀在西贡创办"顺城行"，陈训庭设立"光大行"，开办"交菜馆"，他们都是葛洲乡邦先贤在异国的精英人物。

还有许多先行发展起来的葛洲人，在毗邻西贡最活跃的第五区、第六区开商铺，开米行，不少人后来成为这个"富人区"的业主。

血缘、亲缘、地缘，坚守同一种文化，合力发展，是越南"小葛洲"的力量源泉。他们在异国携亲带故，完全按照家乡的生活习惯，人在他乡就如在家。葛洲人常年往来于海上，或回家探亲，或回国内经商，海上安全非常重要。张氏十八世宏郡公之夫人陈敬德当年从葛洲奉请妈祖香火到越南浸石立庙，浸石的乡民纷纷前来祭拜，祈求妈祖保佑海上平安，香火日旺。1890年，和顺发捐义款建成"浸石天后宫"，到如今已有100多年的历史，成为越南地区华人"妈祖崇拜"的著名遗存。这座天后宫位于越南胡志明市堤岸阮廌街，即堤岸区与义安会馆之间，庙内供奉着"海神"妈祖。天后宫主殿为硬山墙屋脊，陶制彩瓷栩栩如生，主殿楹联写着"暮鼓晨钟同觉悟，欧风亚雨两调和"。浸石都内，迄今还保留着早年葛洲先民下南洋时的潮式房子，其"水"形（大波浪）的山墙彰显潮汕沿海渔村的建筑风貌。

"小葛洲"，百年风雨，家在远方。

中国首座乡村海员俱乐部——葛洲海员俱乐部

海员俱乐部起源于欧美，国际海员俱乐部主要是为了满足常年在海上航行的从业人员上岸休息、娱乐之需要。中国沿海地区，包括泉州、广州、汕头等主要港口都设立了国际海员俱乐部。这些机构是按照国际公约建立、由中国工会管理、为国内外海员提供服务的文化、福利涉外事业单位。在改革开放的年代，海员俱乐部的存在体现了我国在航运业上的发展。而葛洲，一座乡村，建造一座专门给海员回乡休憩的俱乐部，堪称全国首创。

葛洲乡地处东南沿海，与汕头港隔海相望。葛洲从事国际航行的船员有两三百人，所在的航线分布世界各地，其中包括国内各大港口航线。这些常年在海上作业的人员，一有机会回到家乡，总希望能在故乡逗留，探亲访友，拉拉家常。葛洲籍海员有不少在香港各船务公司任职，他们中有船长、轮机长、驾驶员（大副、二副、三副）、轮机员（大管、二管、三管）、电机员、水手、机工、厨师、服务生等。长期的海上航行使他们对家乡充满思念。

1978 年，正值改革开放时期，葛洲籍香港船员出入频繁，他们迫切要回家看看家乡的变化。这些船员回家逗留的时间往往较短，有的家中只有老屋，家里也只有老人，不宜住宿。建一座供这些海员回家歇息的住所，成为迫切需求。为解决这个问题，葛洲乡村委会（前称"大队管委会"）专门在原书房顶附近划出一块地，筹建葛洲海员俱乐部。这一计划迅速得到香

葛洲海员俱乐部（袁笙 摄）

港同乡会和众海员的热烈响应，筹资捐款达几十万元，这在当时是一个不小的数目。俱乐部按照南洋风格设计。1979年，俱乐部竣工，从此，葛洲籍海员有了一个新家，他们经常利用假期回乡探亲，住在俱乐部里，在这里生活、休息，许多旅居海外的同胞因此感受到家乡的温暖。这座乡村俱乐部的建成，起到了联系乡情、敦睦乡谊的积极作用。40多年过去了，这个恬静的住所如今成为一段美好的回忆。

1989年，香港著名电影演员洪金宝、张艾嘉主演的电影《八两金》中，"回乡"的部分就取景于葛洲，他们在葛洲青石板路和张氏祖祠追远堂前埕取景。当时，编导及洪金宝、张艾嘉等剧组人员就是住在海员俱乐部。这至今还是村民念念不忘的美事。

斯琴高娃主演的电影《似水流年》当年也在葛洲取景，当时，编导、演员等剧组人员也住在葛洲海员俱乐部。

改革开放给乡村带来巨大改变，家家户户基本建起了新房子，乡村原有的旧建筑也得到妥善保存。现在，海外乡亲回乡探亲，已不再住进这个俱乐部了，这里一度荒废。

为留住这段美好的记忆,展示"海丝①故土、和美侨乡"的风采,2014年,葛洲社区两委发动乡贤捐资,对俱乐部予以重修,保留原貌修旧如旧。两层的叠楼上,窗棂遵循南洋建筑风格,粉白的窗棂、橙黄的外墙、围墙上的船锚标识做成的栏杆色彩明丽清新,极具特色。海员俱乐部门前的两棵大树,枝干弯曲过围墙,绿荫遮天蔽日;围墙内后方及前门右侧有天然的海石,与古树相辉映,浑然天成。

葛洲海员俱乐部里潮州音乐爱好者在演奏(陈伟家 摄)

---

① 海丝,即海上丝绸之路。

倚山而居（陈基跃 摄）

第五章

葛洲风物　雅量长留

> 英国人常说什么"往日的可爱的时光",实有会于我心。往日的时光,回忆起来,确实感到美妙可爱。"当时只是寻常",然而一经回忆,却往往觉得美妙无比,回味无穷。
>
> ——季羡林[1]

---

[1] 季羡林著,老愚编选:《讲真话——人生箴言录》,安徽教育出版社2009年版,第16页。

（一）清代守将陈飞亭墓

在葛洲鸦洲宫广场北侧的山坡上，兀立着一座无主古墓。葛洲人在整治鸦洲宫广场的时候，发现了这口墓穴，其时墓穴倾圮，但型制独特，其碑文为阳文石刻，而坟手石刻则以阴文凹刻，书法笔力端庄、工整、秀气，石刻工艺独特精美，是一座独特的古墓。葛洲人几经寻觅，迄今未能获得该墓主的具体资料。考虑到乡村地处沿海地区，如此墓葬甚为少见，乡民认为有义务将它保护起来，便将其修复。据葛洲老人介绍，该古墓重修期间，里面没有发现墓主灵柩或骸骨，墓是否被盗不得而知。观其墓碑，可知墓主是一位清代军官，生前或是地方颇有影响的人物。主墓碑左侧写着"考兵部差官飞亭陈公"，右侧写着"妣五品宜人敬珠林氏"，另注"钦命镇守浙江温州等处地方总兵官弟林起凤（敬撰）"（后二字模糊）。以此可以确认，墓主是温州一带守疆总兵官林起凤的姐夫和姐姐。陈飞亭为谁，暂无史料可考。而墓碑上的"五品宜人"林敬珠，表明陈飞亭为五品官员（明清时期五品官员之妻、母称为"宜人"。五品相当于今副厅级官员），这与"兵部差官"这个官阶相对应。为何在葛洲这个僻远村落有这样一个墓葬？这或许与达濠曾为海上守城有关。

清代，达濠陷入兵燹之灾的时间较长，民生艰难，盗贼四起。以达濠的历史背景推测，这座墓葬应是在清康熙之后，即清军收复达濠反清的郑成功之子郑经部将邱辉之后。但笔者未能查阅到与这座墓相关的历史资料。而据饶宗颐总纂的《潮州志》所载，清代把守潮地沿海的地方官员甚众，雍正二年（1724），有浙江温州人蒋宗仪；雍正十三年（1735），有浙江温州人张元骏，其后升任厦门水师提督。当年莅潮不乏宦绩之人。达濠由于地处沿海，毗邻南澳、台湾地区，频遭海贼袭

兵部差官陈飞亭墓（陈伟家　摄）

扰，清代在此设立水军寨，筑炮台，守营寨的士卒众多，差官一类的人应是往来络绎不绝。墓主究竟为何卒于达濠，或者墓主本身是否即为当地人士，都不得而知。确切地说，这座清墓并非葛洲陈氏先人，因为葛洲早有两支不同脉派的陈氏族人，都与此墓主无关。而达濠守寨与葛洲只隔着瞭望山，清初鸦洲宫一带甚为荒凉，葛洲一村分属两都（招收都和砂浦都），位于西畔的为砂浦都，这一带中间有一道河涌将其分隔为两部分。其南是瞭望山。瞭望山，顾名思义，可能是可以远眺濠岛军情的制高点。山南海氛不靖，而山北相对平静。墓主生前或更多地考虑入土为安，因而选择了葛洲这块风水宝地。

葛洲乡土上的人文遗产承载着一段历史风云。乡民责无旁贷地保护历史文化遗存，值得肯定。

（二）烟墩城·跳虾山

明清时期，沿海一带常常受海寇或倭寇袭扰。沿海各地设立水军寨以防卫，警哨站则设于山顶制高点，筑方形土围墙设施作为燃放杂草、散发烟幕报警之用。在葛洲东面大岭山巅一侧,葛洲村与东湖村交界处,兀立着一个大哨站,由于规制较大,被村民称为"烟墩城"。

葛洲濒临大海,防御海寇是守军与边民常年的职责。葛洲烟墩城遗迹可能是清初高举反清复明旗帜的郑成功部下的防御设施,当时扎根达濠的马滘人邱辉投奔郑成功之子郑经。他驻扎达濠,设水寨,备粮仓,征集粮草为在台的郑经补给,沿海的清兵视邱辉为心腹之患。而邱辉凭借海岛的优势和郑经的实力,在达濠布设了大量的军事防御设施,多次与清军对垒。

宋明时期,由于海寇劫掠成性,葛洲先民不得不一次次举乡迁徙,对海况的严密监视成为先民防御海寇的必要措施。烟墩城为清代建筑,在当时的条件下,这样的建筑规模,非军事需要不能做到。这座山上的土围墙经历代使用,燃烟场或经过多次修缮垒筑,迄今仍然坚固。

当时,烟墩城常年备足草料,有守兵日夜放哨,有敌情即焚烧草料,"夜见火焰,日见烟雾"。警情一旦出现,各哨站、乡民即鸣锣报警,进入御敌应战状态。这时,各乡勇迅速集结,安置老人小孩。男丁合力御敌,妇女做饭送饭,同仇敌忾,众志成城,以击退海寇,保卫家园。烟墩城遗址居高临下,巍峨森严,山色苍翠,如今是户外爱好者驻足远眺的好去处。

跳虾山是原潮阳县和原达濠区均有备案的葛洲民兵海防哨所,位于葛洲东南面海边的一座山上,按其地质年代,昔年应是海边的一座小屿,呈长方形,形如海虾,栩栩如生,可辨虾头、虾尾、虾目、虾须乃至虾腹部的模样,令人惊叹于大自然的鬼斧神工。从前草木稀少,"虾"的造型一目了然,人们就称这座山为"跳虾山"。跳虾山风光秀丽,地势险要,葛洲民兵当年坚守跳虾山海防前哨,为保卫祖国海疆安宁立下了卓越功勋。

(三)龙船石

在葛洲乡村,有一座小山包,山顶处是后厅园,后厅园有块巨大的石头,临空横卧,形似龙船,人们称之为"龙船石"。这块突兀于山巅的天然奇石,是葛洲的"镇村之宝"。"宝"藏中央,自然矜贵。龙船石是一块巨大的岩石由一块矗立的小石支撑,两石相叠,"雌雄"相依。上面的石头足有几百吨重,头薄而尖,人称"雄石";下面的石头肥大而厚重,人称"雌石"。雌石上刻的"和平里"三字,是拓自南宋民

龙船石（陈史 摄）

族英雄文天祥的手迹。民国年间，葛洲一位长者到潮阳和平里，复制文天祥当年所书手迹，回到葛洲，刻在这块硕大无比的石头上。当时，正是葛洲人认为的"侯来任"摩崖石刻出现的时期，应是葛洲乡贤张祥耀委人所为。"和平里"三字气宇轩昂，度其用意，这块大石遥对大海，是对海岛边民的一种鞭策：要珍惜和平时光，守住安宁的乡土，其励志之意不言而喻。而这三字拓自民族英雄文天祥手迹，也表达了对这位忠于朝廷、矢志护国的志士先贤的爱戴和景仰。

龙船石上"和平里"三字所释放出来的浩然之气，成为葛洲乡邻里守望、和睦相处、崇尚中华传统美德、传承文化的象征。

（四）古车罾石

位于葛洲宅尾"拔仔埕"（今在宅尾新市场）有一块斜卧的大石，该石一边高一边低，当时北面一头稍低且临海，南面一头稍高且依山。古时候，村民常在石头上放"车罾"[①]捕鱼，大石是临海的最佳站脚处。潮汕渔民把织网叫"掐网"，大网叫"罾"，做大网需要空旷的地方，"车罾"就是用绞车拉绳的海中大网。人们来此石头上干活，祖祖辈辈都将这块石头称为"车罾石"。明清时期，葛洲乡村是天然渔场，

① 罾，一种用木棍或竹竿做支架的方形渔网，渔网通过绳索拉升或松降，投饵以捕鱼。

古车礠石（图片来自《葛藤旧事堪怀古——葛洲乡土名胜集》。佚名 摄）

出海捕捞的渔民非常多，每逢收网，车礠石周围晒满了渔网，人们在这里补网、织网、绞车礠索，好不热闹。后来，海水退去，这块石头还在原处。村中人多以打鱼为生，这块石头刚好成为安装网鱼绞车的坚固平台。之后，车礠石四周平整成了阔埕，村民张三要织渔网，可以来，李四要来，也没人反对，大家来此李家长张家短，边干活边唠家常，不亦乐乎。后来，有人在石头上刻上"古车礠石"四个字，将其作为乡土文化的遗存保护了下来。一块石头记住了乡土的过往。

车礠石周围变成陆地的时候，是盐碱沙土，土质肥沃，特别适合种植番石榴（潮汕人称为"拔仔"或"木仔"，葛洲人称"朴仔"）。拔仔是葛洲维持较长时间的独特的经济作物，是葛洲旧时乡土风物中的名特水果。饶宗颐总纂的《潮州志》记载："潮阳葛洲，拔仔，肉质细腻而清纯。"[①] 葛洲自古就种植拔仔。每天清晨，乡民将采摘来的拔仔汇集在此兜售，水果商贩来此成批采购，销往外地，葛洲拔仔因而扬名潮阳各地。古车礠石周围的田园后来又被平整成洋灰（即水泥）阔埕，乡民又称之为"拔仔埕"。

---

① 饶宗颐总纂：《潮州志·实业·农业》，汕头：潮州修志馆，1949年，第54页。

（五）石板路·书房顶

民国时期，旅居越南经商的乡绅张祥耀（1880—1946）回到家乡葛洲，倡议并出资铺建了一条石板路。这条路采用山石和散落的石碑铺设，全长约800米，当时是葛洲村的主要村道，商铺皆集中于这条狭长的石板路两旁，巷头、巷口摆满了各式摊档，是盛极一时的乡村圩集。漂洋过海的葛洲乡民想念家乡，对石板路圩集都有深情记忆。中华人民共和国成立后，村落的建设和发展没有停止，县道、水泥村路早已修到了村中，但该石板路一直留在那里，留在乡民心中，从没有人去改造它、破坏它，而是将它作为乡村文化的一部分，作为古村落建筑文化的一部分保护起来。

葛洲古石板路（陈智生 摄）

徜徉于这条古石板路，可寻找蜿蜒于记忆深处的旧时乡村，乡愁来自这古朴的民居群落和脚下的每一块石板。狭窄的石板路弯弯曲曲，深邃而曲折的村巷仿佛在诉说着它曾经的辉煌和沧桑。它是一段岁月的映像，一段时光的老歌，村民以此感念先人祥耀爷。

1984年和1989年，有两部电影在葛洲取景，在石板路拍下了乡情四溢的动人镜头。这两部电影分别是顾美华、斯琴高娃主演的《似水流年》和洪金宝、张艾嘉主演的《八两金》。

葛洲老厝宅东面有一条小山岭。民国初年，那里建有数间书斋模样的平房，据说是乡绅、秀才及长者修书谈心之处，因地势较高，村里人称之为"书房顶"。这些房子后来因失修而倒塌，至中华人民共和国成立后仅留下一些墙的痕迹。后来，村民在这里造屋居住，"书房顶"的名字也一直沿袭下来。该处榕树成荫，天然石造型独特，风光秀丽，令人心旷神怡。

（六）凉亭·厝桶

葛洲乡的村名，曾经历从清江到凉亭的演变。凉亭是一片山坡地，这片地在现在葛洲村庄之东，南有崎佰寨山，北有麒麟山，背依牛头相答山，面向南海，是水秀山清之地。葛洲人将先人的这次迁移满含深情地视为"第二次创乡"。

葛洲首次创乡是在宋朝，其时的乡村东面临海，风景秀丽，却常遭海贼劫掠。村民们只好举乡迁徙，卜居凉亭，这是明洪武元年（1368）的事。可是当年海贼频频洗劫，沿海居民三灾八难，村庄一迁再迁，乡亲们泪别凉亭，许多完好的屋舍只好舍弃，人去室空，真有人在天边，难以自持的愁苦。而多年以后，每年总有络绎的人群来此凭吊曾经的岁月，缅怀先人曾经的沧桑。

乡民在现聚居地葛洲重新建起家园。下地劳动常常要路过凉亭，此处是干活之余歇息的地方。凉亭是乡民心中的老家，风雨时节，凉亭还是可避风雨之处。随着时间的推移，凉亭上原来的老房子先后倒塌，成了废墟。时光更替，原来可以住人的地方变成了不堪回首的"厝桶"。"厝桶"就是断垣残壁。东南沿海从闽南到潮汕地区，人们将房子叫"厝"，譬如老房子叫"老厝"。

凉亭是葛洲农耕年代村民经常往返北山耕种的主要通道，一次次地路过，一次次地泛起乡愁，厝桶成为亲切的记忆。一年年过去，墙壁已经斑驳，许多鲜活的生活画面也渐渐消失，唯有残阳如梦。

时光不再，如今，厝桶处留下倚山望海之景，古老的榕树、雄鸡山、鸟狮石和大海的波涛，成了人在异乡的念想。

葛洲人经过三次迁乡，也经过三次创乡，对过往的村史念念不忘，这是对祖先祖德的深情回望。

（七）橄榄石脚·畚箕王

"橄榄石脚"和"畚箕王"是葛洲界内的两个地名，这两个地方均位于葛洲乡东北面海边。

橄榄石脚是一座小山，山腰处平躺着一块天然成形、两头俱尖的巨石，形如橄榄，村民故称此处为"橄榄石脚"。橄榄石脚南面是本乡"东成口"，北面与澳头蜈蚣山交界，东面是雄鸡山，西面为耕地。中华人民共和国成立后，葛洲村民在此修建过一个小型水库，取名"东成口水库"。这里土质疏松，土壤肥沃，有水的地方适合种植水稻，旱园适宜种芋头。村民都说这里藏风聚气，粮食经常大丰收，而产出的芋头香气扑鼻，口感极佳。这一带又山青水绿，是难得的海边胜景。

畚箕王是一处低洼地，底圆边高，形如畚箕，因而得名。畚箕是竹篾编成的两边有耳的箕斗，是农耕时代潮汕地区一种重要的劳动工具。一根麻绳连接两只畚箕耳，一把锄头单挑一只畚箕，是潮汕农村农民常见的装备。畚箕王是葛洲乡民捕鱼的好地方，也是打"车罾"的理想之所。这里鱼虾成群，江鱼、饶鱼仔（即丁香鱼、小银鱼）尤为丰富。

橄榄石脚与畚箕王都近海，站在这二处，海景奇观尽收眼底，令人心境开阔。它们留下了葛洲一段宁静的渔业时光。

（八）东山之上的"隐士"

东山是葛洲乡东北面一座颇高的山，这里山色秀丽。相传古时候，有位东来的居士在山间搭茅舍，一个人边读书边开荒垦土，晴耕雨读，茅舍成为山中的书舍。居士平易近人，村民常常来到茅舍与居士谈天说地。居士与人为善，对来往的葛洲村民常常给予开导，循循善诱，教人读书行善，勤耕农田。葛洲人喜欢上山与他闲聊。几年之后，这位"隐士"悄悄离开这里赴科期去了，再也没有回来，但他给村民留下了难忘的印象。

（九）林厝埕·燕乌角·上园顶

林氏人家到葛洲定居大致是在明清时期。林家在葛洲人口不多，基本集中于燕乌角与后厅园较高的山坡地，后来林氏建了一座林厝公厅，厅前建一大埕，建筑格局齐整，是林家操办婚丧喜庆的场所。由于林姓宗亲集中生活在这里，葛洲人称此处为"林厝埕"。

葛洲林厝埕地平而高，右侧至后厅园处，古时山上有几块乱石，背靠着山，小巧

玲珑,形似燕子,石尖细小,形似燕翼,村民因此称这个地方为"燕鸟角"。林厝埕位于燕鸟角与后厅园之间,

上园顶是葛洲大埠背面的一个小山头。小山头上有几片不大的旱园,可种植作物。上园顶居高临下,茂林成荫,风光幽雅。其南与"上篮仔"相接,北望汕头,西可远眺笔架山,东面是开阔的耕地。夏季,上园顶十分凉爽,空气清新,是乡民避暑的胜地。

葛洲村自然地形独特,有突兀的山包、奇特的礁石、茂密的古树,倚山依势错落的古建筑群有形而别致,令人流连。

(十)佘厝围和佘厝巷

佘厝围又名"浮水鸭",是葛洲乡的近海盐碱地。从前,这里与西堤洋隔着一条小路,洋围南面有一突起浮峰,是鸦洲宫一带;北面原是通海的排洪坑沟,每逢汛期潮涨,海水沿外堤拍岸;围角西南端原有一乱石群浮露于水面,形似海鸭戏水,因而村民称此处为"浮水鸭"。这里原来是一片荒地,清康熙年间,澄海鳄浦都月浦人佘云仲到这里垦荒围海,以海水养殖和滩涂养鸭为生。随着海水的渐退,这里渐渐被改良成耕地。村民追忆当年开拓这片土地的人,以其姓定此处名为"佘厝围"。

根据《潮汕月浦佘氏族谱》,葛洲之有佘氏,惟月浦乡创乡始祖曰量公(佘宽大)第十六世惟亲公之第三子佘云仲。葛洲乡由凉亭第三次迁徙至现聚居地葛洲是在明弘治年间,而佘氏是清康熙年间到葛洲创基。外乡人来到一个已成聚落的村庄,往往被称为"外地人"。当年佘云仲公来此居

佘厝巷(陈伟家 摄)

住，由于善于经营农耕、养殖和捕捞，日见富庶，在葛洲建有成片的屋舍。佘氏人家居住和出入的那条巷道，村里人称为"佘厝巷"。据传，多年以后，佘氏举家搬迁到达濠那边去，留下了一条佘厝巷。如今，这条小巷位于葛洲宅尾，巷南接宅尾臭池，巷北接风鼓门楼边。佘云仲这一世系的第二十四世裔孙佘畯南在越南出生，后来在国内读书，成为著名的建筑家、中国工程院院士（参见本书有关内容）。

（十一）曾厝尾·胡尾埔

曾姓是葛洲诸多姓氏中人口不多的一个姓氏，他们集中居住在曾厝尾。其位置在西畔乡里龙与湖池后。葛洲创乡后，曾氏人家在此居住，以西畔自然村方位而定，曾氏人家居住的地方为乡里龙尾，所以，人们把这个地方称为"曾厝尾"。曾厝尾朝东，风光绮丽，有春风晓日、紫气东来之景。

葛洲创乡时，最先到西畔居住的有几户胡姓人家，他们居住的地方是一块平地，当地人习惯将平地称为"埔"，故历代乡民称此处为"胡尾埔"。后来，胡姓人家迁居他乡。他们迁走之后，留下这个地名。

（十二）"四虎"·打石角·哺螺石

"四虎"是4个山头的俗称，它们在葛洲东南面近海滨与东湖村交界处，因形状似虎而得名。"四虎"之间都是梯田，梯田地势高的称为"上四虎"，地势低平的称为"下四虎"。

"打石角"是一座山的名字，是葛洲和澳头的分界。山上朝葛洲的一面，有"葛洲地界"石碑。从前，在这山的一角接近耕地处有很多乱石。后来，为扩建耕地需要，这些乱石被平整，村里人称这里为"打石角"。半山腰处有两块天然的巨石耸立，像母子相依的石像，人们称之为"母仔石"。母仔石是葛洲村与澳头村的分界标志。母仔石的周边山清水秀，景色宜人，风光秀丽。后来，因广汕高速公路征地需要，打石角被截去了一大半，原来的景色不复存在。

在葛洲东北面与澳头交界处，有一块礁石，形似响螺（潮汕话俗称为"哺螺"），故当地人称之为"哺螺石"。此处是一个天然的水域，昔年的海边盛产海螺。这块天然的哺螺石犹如天然海产场的标志，安放在海螺密集的海域，这片海域香螺、姑螺、银螺、鸭嘴螺等应有尽有,而且常年有野生的牡蛎。遇到退潮,村民纷至沓来捡拾牡蛎,岸边或滩涂地上到处是人,拾海螺的、钓鱼的、抓蟹的、捞大蚝扣蚝仔(即采小牡蛎)的,好不热闹,好一派丰收的景象。这一带自古以来就是葛洲村民获取海产的好地方,有丰富而美丽的海景。如今,沧海桑田,这一切已成历史回忆。

(十三)葛洲的西塭、大塭和塭沟

潮汕沿海地区的乡村将受潮水泡浸的泥地称为"塭田"。葛洲因为是临海村落,有大片的滩涂,因而昔年的葛洲有大量的塭田。塭田布满滩涂,黑色的土壤与水滨连成一片,又像平原上的田野。村民为了识别茫茫滩涂上不同的生产水域,以地理方位或面积大小来命名。

这大片塭田,位于塭田西侧的称为"西塭"。西塭面积不大,所以又称为"塭仔"(即小塭)。大面积成片的塭田称为"大塭"。大塭原有几处灰岗岩石,上面寄生着海水滋养出来的蚝,蚝壳尖利,外壳灰亮。从地质形成的角度看,此处是海岛边缘的冲积滩,壳类海产品品种多样。1957年人民公社化和1958年"大跃进"时期,海滩的灰岗岩石被平整为耕地,岩石被炸开筑堤。围海造田的"人间奇迹"湮灭了从前的海滩景象。当年,筑堤、造塭、海养、排咸、灌淡、改良土壤,使得滩涂成为可耕地。渐渐地,大塭的西片被继续拓荒筑堤,经过长年的土壤改良,原来的塭田成为一片迄今仍叫"大塭"的耕地。

如今,这片耕地的一部分让给了深汕高速公路(段),一部分成为村民住宅区,旧貌变新颜。在这片耕地的范围内,还有塭沟。塭沟地处葛洲乡里龙后面,隔宫前洋、过坑,在寮头山前。明朝初年,葛洲第二次迁徙创乡时期,周边还是一片海滨沙洲,依山傍海的塭沟是当年葛洲外围的一道滩涂水道。塭沟三面环山,地势低凹如沟,一面向海。塭沟原来被海水淹没,随着沙土堆积,海滨变成滩涂,塭沟渐渐成为海上重要的采收区域。自从水产养殖成为海养收入的一个重要渠道,靠海吃海的人们便视大海为宝藏。葛洲村区别于内陆平原乡村的,就是靠海。村民上山可以耕种旱园植物,向土地要粮食;下海可以收获满仓鱼虾,大海赐予了葛洲村民生命活力。

后来,由于山洪常年冲积,海水渐渐退去,塭沟变成一块冲积平原,又历经农田改造,成为一片良田。如今,葛洲乡民仍称这片土地为"塭沟"。潮汕地区人多地少,原本广袤的潮汕平原有多种物质可以养活人。"潮"田地势稍低,受潮水影响,产量低而不稳定；可以晒盐的地方被辟为"盐埕"晒盐；低洼的水塘养殖鱼类、贝类；沼泽地带的滩涂则种植席草（咸草）发展手工业。自古以来，潮地"平土可耕、高土可种、下土可渔、下卤可盐"的土地利用方式一直沿袭下来并得到不断开发，充分体现了潮汕人民的生活智慧。明代以后，随着人口的增加，海滩围垦成为土地开发的潮流，大量滩涂变为耕地。改革开放以来，葛洲村早年的海边滩涂风光已经改变，深汕高速公路横贯这片耕地，原来的滩涂、耕地被切割成路南、路北两段，土地原貌不复再现。

（十四）莲花心·竹篮山

葛洲村脚宅尾的坑仔山、竹篮山、大埔崎山之间有一座山，与大埔崎山相接。这座山倚山临田，山包圆雅，山体肥大，多块岩石像浮出的花瓣，相间有序，排成圆形，俨然莲花的花瓣，浑然天成，其中央有一美石耸起，有如莲花心，人称此山为"莲花心"。从前，莲花心山边有葛洲村翁氏祖墓，肃穆庄严；前面有良田。随着经济的发展和人口的增加，这一片土地被征用为住宅区，后来被夷为平地。如今，村民成为这个住宅小区的业主，它的名字叫"莲塘庄"。

葛洲乡宅尾与厝脚前南面有一座山，山低矮而浑圆。古时候，这座山上长满翠竹，婆娑绿影成为乡村的一道风景，葛洲村民称这山为"竹篮山"。据传，达濠山上古时曾有猛兽，藏在深山竹林内，本村有一陈姓祖公遭遇过猛兽，村里人说是被老虎吃了。为避猛兽之害，村民将竹林砍了，改种朴仔。没想到竹篮山上朴仔长势良好，果实清甜可口，远近闻名。竹篮山的山坡地旱园还种豆、蔬菜。"文革"时期，生产队还在山坡上辟有晒谷场，从水田里收割的稻谷和在山坡地收获的黄豆、绿豆、乌豆等，就晒在这里。这是农耕时代的乡村风景。改革开放以后，山被推平，这里建起了一片民宅——翠竹苑。"翠竹苑"这个名字让人们记住了从前的满山翠竹。

（十五）葛洲墓地：隐水蟹、狗槽、塔仔脚

隐水蟹（也有人称之为"隐涂蟹"）位于葛洲村与东湖村交界的两望山山顶。两望山山顶的土壤干燥，唯隐水蟹满是湿漉漉的泥土，青草如茵，犹如湿地。其形似螃蟹，"蟹身""蟹脚""蟹目""蟹嘴"天生自然。先民在此处早有墓葬。据传，蟹是活

葛洲山塘水库地貌（杨伊园 摄）

物，墓穴不能使用贝灰，以免杀死蟹；不立石碑，以免伤害蟹。因此这一带的坟墓只是一个土堆，其俗至今不变。隐水蟹成了寄寓着美好愿景的一处"活风水"。

"狗槽"位于葛洲东北面，是葛洲小坑至东山之间的一座山，与大寮山、崎佰寨山、倒吊金钟山、鼎盖山、龙船石山、叠石山等山相连，其背面与澳头公墓相接，南可望见坑底水库秀美风光。山表面布满白色碎石，山形似狗，有头、有脚、有尾，"狗头"左边处有一天然水塘形似狗槽，村民因此称这座山为"狗槽"。相传这是母狗造型的山地，"狗头"处有澳头朱姓始祖墓，"狗背"后有葛洲张姓一位祖妈（即祖母）墓，由于此处自古以来被村民视为"风水宝地"，因而"狗脚""狗尾""狗项""狗脊""狗肚""狗腿"，甚至"狗爪"等部位都有墓葬，墓穴层层叠叠，俨然村里的"公墓"。狗槽地以前有一小片梯田，土壤肥沃，可种植多种作物，现在已被淹没。

塔仔脚位于葛洲乡东面，背依崎佰寨山侧，面向凉亭，左边与厝桶相接，右侧为海，东面山低海风紧。先人在靠海东面山上建一个小塔，当作"镇风塔"，其景秀丽。因为有这个塔，村民一直称此地为"塔仔脚"。历史上，葛洲村第二次迁乡，塔仔脚就在凉亭的周边。那时，塔仔脚一带都是适合农耕的良田，曾经助农家稼穑。塔仔脚所面向的大片山地，是历代先民墓葬之地，故这里坟墓很多。民国三十二年（1943）前后，潮汕发生大饥荒，村民饿死者众，许多逝者被草草掩埋于此，塔仔脚见证了潮汕大饥荒年代百姓的苦难。当时，这片坟场四周山清水秀。中华人民共和国成立以后，因建设需要，塔仔脚被平整为平地。

（十六）葛洲"四洋"：前洋、后洋、上洋、北洋

在潮汕方言里，耕地、田园或田野常常被称为"田洋"。葛洲村外即是田洋，紧靠村庄有3个田洋：村前的叫"前洋"；西畔龙山背后的叫"后洋"；在村东南面的地高、水足、土质好，叫"上洋"；北洋在西北丘陵地带，远在村庄之外，北临大海。这些地方是农耕时代的亲切记忆。

沧海桑田（袁笙 摄）

前洋在古村落旧宅前。旧时的前洋，春季秧苗翠绿，绿茵遍野；夏收季节稻浪翻滚，一片金黄，村前屋后一派好风光。前洋土质略带黏性，土地肥沃，村民因地制宜种植水稻，池塘之水成为水稻的主要灌溉水源。由于水土湿润，成熟的稻谷谷粒圆润饱满，产量高。这里除了水稻，村民也种番薯、大蒜、萝卜、芋头等。池塘里则养鱼，所养的鲫鱼鱼肥味美。

后洋是从内坑水库至西街头的田园，其景色秀美。因在西畔之后，也称为"西畔后"。后洋地处避风的山南，阳光好，水源足，土壤肥沃，田畴小路通向田园，农人种植、施肥方便，自古以来有"状元田"之称，又有"千斤稻""万斤薯"之称，在推行现代农业时期，多次获区级"高产田""模范田""示范田"等称号。

绿色家园（杨毓添 摄）

北洋位于一处丘陵地带，笔架山山麓，有一片水田在海墘（墘，方言，"旁边、附近"的意思。海墘即临海处）。这是一片良田，其土地肥沃，是农业时代的高产田，也有"千斤稻""万斤薯"之称。北洋北望大海，登高望远，田园与大海连在一起，群山苍翠，泉水叮咚，风光无限，有三界岭、拳头母石、虎坟宫山、黄龙出洞峰、佳信石、后土庙等。北洋还出产水果，阳桃是这里的特色佳果。

（十七）大岭山·倒吊金钟

大岭山上有连接葛洲村和东湖村的唯一山路，山路上有两座山岭：岭仔和大岭。岭仔与大岭之间有跨度较大的石级步步上升。岭仔位于葛洲村东南；大岭山山麓有坑底和田洋，是葛洲与东湖的分界线，上有奇石"等路猫""栖壁燕"，造型皆奇特。

葛洲村大坑山半山腰处，有一个突兀的山头，颇为别致，村民称之为"倒吊金钟"。大坑山不高，平缓的山坡绵长，其半山腰间凸出一段细长的小山岭，小山岭尽头处又有一个圆形山丘，宛如花枝之末长出的倒挂的花朵，随风摇曳，村里人都说像倒吊金钟。

（十八）崇德善堂

清末年间，葛洲村老者在"三山国王"庙右侧创建崇德善堂。善堂坐北向南，厅堂深广，是村民为逝者送终、安葬逝者以及进行其他民间活动的场所。崇德善堂服务乡村社会，勤于为善，注重公益，善举远扬，在村里有较好的口碑，一直保存至今。

葛洲启航(杨祥琨 摄)

第六章

海丝故土 和美侨乡

> 综观潮汕的历史，离不开海上丝绸之路，特别是海外贸易和海外移民。现在，在国内海外已经形成两个各一千万人的潮人社会，潮汕本土经济对海外贸易的依存度越来越高，……同世界经济文化的交流和人员往来日益增多，海上丝绸之路也越走越宽广，对潮汕经济社会文化的影响越来越大。
>
> ——杜松年[①]

[①] 杜松年：《海上丝绸之路对潮汕文化有巨大影响》，见杜经国、吴奎信主编《海上丝绸之路与潮汕文化》，汕头大学出版社1998年版，第7页。

历史记住葛洲

800年前,葛洲还是一片苍茫的海滩,先民们在附近的海滨发现了这一块"此若有田能借客,康成终欲老耕耘"(〔北宋〕王安中《潮阳道中》)的土地,他们在面海的地方耕耘,在背山的地方踏浪,一座山海传奇的乡村于是形成。"清江"本无江,这是最早来到葛洲的翁氏人家缅怀莆田故里时对江海的呼唤。从福建莆田兴化湾踏浪来到潮阳招收都、砂浦都这一处人迹稀少的海岛,先民们在这里感受天地苍茫。蓝、许、翁诸姓先民在此抱团取暖,建设了一座800年后容下8000多人的乡村。先民们埋首于脚下的土地,一心想在贫瘠的土地中开发"富矿"。昔年的乡村三易其地,清江、凉亭、葛洲。在乱世中民如草芥。"倭奴入寇,与明代相终始,而嘉靖、万历之间,沿海生灵,频遭涂炭,竟似岛彝窟宅全在此邦。哀哉,明之为治也!其他巨寇不可枚举:许朝光、吴平、曾一本、刘香等,皆有名剧贼;而郑氏芝龙,父子祖孙,一门相继,播虐海上,潮疆惨毒,殆不可言。"[①] 葛洲历史上多次遭受海盗袭扰,烟墩城上狼烟起,便是海盗猖獗掳掠之时,村民四处逃散,有家难安。然而,一次次的苦难,锻炼了村民坚毅的性格。他们一直合力护卫着这座村庄。

葛洲这一乡村延续了800年,几十代人在此演绎了生命。

---

① 〔清〕蓝鼎元撰:《兵事志总论》,见〔清〕蓝鼎元撰,郑焕隆选编校注《蓝鼎元论潮文集》,海天出版社1993年版,第68页。

山海相连的葛洲（袁笙 摄）

"山外海汊横截，磊口、河渡，分南北二门，渊乎若天堑然。过此为达濠，招收、砂浦两都，邑东之外卫也。"① 先民初到海滨时，葛洲是荒山野岭，塭田无垠，土地多是盐碱地。一路路的迁客纷至沓来，垦荒改土，勤耕力作。耕海、耕地并存，家家男女没有闲时，日出而作，日落而息。"海滨之妇，或捕鱼虾、拾蛤蜊以资生计。……农力于耕，女勤于织，高山也种禾苗。薯芋生于崖涧。"② 追根溯源，回望昔日时光，令人对先民产生深深的敬意。

200多年前，不少葛洲乡民面对沧海，勇敢地踏浪去了南洋。100多年前，乡彦张盛著先行抵达越南西贡，创设"和顺发"，火砻业、船务业、码头业、劳工行生意

---

① 〔清〕蓝鼎元撰《潮阳县图说》，见〔清〕蓝鼎元撰，郑焕隆选编校注《蓝鼎元论潮文集》，海天出版社1993年版，第21页。

② 〔清〕蓝鼎元撰《潮州风俗考》，见〔清〕蓝鼎元撰，郑焕隆选编校注《蓝鼎元论潮文集》，海天出版社1993年版，第86-87页。

红火,也一直照顾乡亲。葛洲人奔走相告,一个跟着一个到安南投奔盛著爷,在越南西贡汇聚成一个"小葛洲"。如今,越南的"小葛洲"已经变成闻名西贡的"潮州人部落",这完全要归功于葛洲先民的爱国爱乡之情。葛洲因而成为著名的侨乡。

每一座村庄都有说不完的故事,故事的主角永远是生生不息的人。葛洲村有别于其他地方的,是海内外的两处"葛洲"。笔者翻读村史、牒谱,企图寻找异国他乡的另一个"葛洲",寻找与这个村庄名字相同的沧桑岁月。在中国地图上,葛洲这样一座小小的村庄几乎没法注上它的名字,而这座村庄的历史和人文跨越了大洋,在异邦的某一处"复制"了下来。寻找是困难的,但过程是非常美丽的。这就是中华的根、枝干和繁茂的绿叶,这就是生生不息的中华脉系千年万年的故事。

葛洲——美丽乡村，美丽人文

沿着历史寻找葛洲的过往，其隐藏的历史文化和人文足迹，本身就是一幅美丽的生活图景。葛洲因山而生，因石而坚，因海而泽，这山海传奇生发出来的自然风光，自古以来备受贤士钟爱。一路路的远方来客聚居于此，他们眺望大海，敢踏沧海，一次次失落，又一次次点燃崛起的希望。岁月跨越了近千年之后，葛洲这块乡土，回眸是一幅画，凝视是一首诗。在盛世欢歌的新时代，旧迹得到保护，村史得到保育，"海丝故土，和美侨乡"实至名归。

葛洲人脚下的土地是一代代的先民开垦出来的。为了打造以华侨文化为亮点的海滨乡村文化，十余年来，葛洲人珍爱脚下的这片故土。

获评第六批"广东省古村落"

葛洲社区党总支原书记张立文，是早年的一名大学生，他是濠江区第一位民选的村干部。这位戴着近视眼镜的乡村书记，让人一眼便觉得是一个读书人。乡村建设需要村干部，需要有文化素养、热爱本土文化的带头人。面对葛洲这样一个历史悠久、华侨文化内涵丰富的古村落，如何打造能留住乡愁的现代乡村，张书记的思考也与众不同。他曾经在濠江区人大会议的提案中，对招商引资工作提出"产业合作、凝住乡愁"的构想。目前，像葛洲这样的村落，几乎90%的村民都有海外关系。旅居海外的老一辈乡亲侨胞大多年事已高，一些饱含故

好山好水是葛洲（陈智生 摄）

土情怀的老人已经离世，而他们的后代自小在海外长大。这些生活在海外的年轻人，与生于斯、长于斯的前辈侨胞感悟有所不同，他们追求一种契约精神，也追求心中潜在的根文化。如何利用好这些资源，实现与侨胞的共赢、共享，张书记有过思考。目前，中国有世界上最具潜力的市场，人口资源丰富，劳动力水平较高，经过几十年改革开放的发展，如今，国内的青年与海外华侨青年的生活理想越来越接近，理念也日渐吻合。在今后的日子里，如何看待华侨文化，这位乡村干部大胆地提出了这样的见解，是基于常年与海外乡亲的密切接触。

何为乡愁？乡愁就是游子对故乡的精神上的向往，对家乡的思念和眷恋之情。因此，关于葛洲乡村发展的定位，葛洲社区两委依据华侨众多的实际，提出了"海丝故土，和美侨乡"的口号，着力夯实传统文化、乡邦文化和华侨文化，彰显文化自信，并积极开展古村落的申报工作。

葛洲村是粤东地区唯一被国务院侨务办公室授予"侨爱新村"的乡村。如何擦亮这块金字招牌，打造好滋养着游子童年记忆的乡村，打造适应当代生活的故乡？打造古村落的念头一直在张立文的脑海中萦绕。他一方面多次与获评"中国古村落"的邻近乡村——凤岗村保持着联系，向他们请教；另一方面，在汕头市民间文艺家协会（简称"民协"），尤其是该协会主席姚望新的大力支持下，多次邀请国内、广东省内专家到村里踏勘、指导工作，为开展申报第六批"广东省古村落"确定了思路并打下了坚实的基础。葛洲社区两委成员经常放弃节假日休息的时间，挨家挨户进行宣传教育，带头打扫卫生，葛洲参评"广东省古村落"工作因而进展顺利。中国民间文艺家协会副主席、广东省民间文艺家协会主席李丽娜两次进入葛洲村，对葛洲这一饱含着丰厚历史人文足迹、村民和谐相处的村落给予了较高的评价，并决定将第六批"广东省古村落"的授牌仪式安排在汕头市濠江区举行。

中国民间文艺家协会副主席、广东省民间文艺家协会主席李丽娜（右一）在葛洲讲话（袁笙 摄）

时任葛洲社区党总支书记张立文（左一）从华南理工大学教授唐孝祥（右二）手中接过"广东省古村落"牌匾（陈伟家 摄）

按照大会的要求，全省获评古村落的 43 个村庄代表汇集濠江区，各村参会人数限定为两人；但葛洲是濠江区唯一获评第六批"广东省古村落"的村庄，允许多来两个人。张立文书记马上邀请定居香港的两位乡亲前来参加大会。2019 年 3 月 14 日上午，第六批"广东省古村落"授牌仪式上，张立文上台从华南理工大学教授、博士研究生导师唐孝祥手中接过这块沉甸甸的牌子，两位香港乡亲一同见证了葛洲乡村获评"广东省古村落"的历史性时刻，他们一同握着这块牌子，与张书记合影。

第六批广东省古村落授牌仪式现场（袁笙 摄）

参加第六批广东省古村落授牌仪式的村民代表合影留念（陈伟家 摄）

广东省民协专家代表在葛洲村考察（陈基跃 摄）

广东省民协专家代表在葛洲村考察时观看潮州大锣鼓（陈伟家 摄）

广东省民协专家代表在葛洲与汕头市民协会员代表合影（陈基跃 摄）

葛洲村的"不得了"

在葛洲，40年来，每天都有一班专线长途客车往返于葛洲和香港之间，风雨无阻。这在珠三角或许不算什么，但是在距离香港370千米以外的粤东沿海村落，能保持40年天天往返，可谓奇迹。原来，葛洲人自清末以降，迫于生活下南洋谋生的人非常多，到香港的乡亲也为数不少。这条来往于两地之间的大巴专线，成为改革开放40年来葛洲人与香港同胞的交通纽带。

葛洲村曾经聘请专业的设计团队对村落进行规划。他们做了不少工作：进村大道步道改造及景观提升、天南路入口沥青路面改造、天南路入口两侧路灯改造、天南路东段两侧商铺遮阳改造及步道改造、垃圾收集转运站改造、凤珠园巷道路硬地化建设、铺设排水管等，这些工程措施加快了这座村庄"城市化"的步伐。据传，踏勘乡村的设计师们被葛洲村密集的乡村文化迹点所吸引：葛洲村是全国唯一一个有海员俱乐部的乡村；是粤东唯一获得国务院侨务办公室颁发"侨爱新村"之侨乡；海外还有一个人口多于本村的"小葛洲"，据说越南南部的这个"小葛洲"，人口有1万左右；有隐藏山海传奇且分布井然的各种奇石、摩崖石刻和古树；有约850座成片的明清古宅；有彰显南洋风情和欧美风格的洋楼及其壁画、灰塑；有乡村名人故居……

为慎终追远，缅怀先人，葛洲村对村落进行了修缮、保护和提升，在保留古村落原貌的基础上，对村巷的环境开展整治。首先，保护摩崖石刻墨迹，重新上漆，点亮乡村文化；其次，在村巷通道两旁植以花卉，使美丽的乡村既能突出地域特色，又充满现代文明活力。此外，在名人故居等主要景点，用景观木牌配以简洁的文字介绍，展示乡村人文魅力。这座将潮汕民居特色与南洋、西洋建筑文化相结合的古村落日益焕发其独特的魅力。

张立文曾经风趣地说，他当了10多年的村干部，最大的愿望就是让人知道这里有个葛洲村。的确，改革开放几十年来，汕头海湾大桥穿山过海，深汕高速公路穿过葛洲村。一座充满魅力的古村落，在快节奏的生活中似被遗忘，甚至许多从外地来到濠江区工作的人，因为隔着山的关系，也不知有个葛洲村。而其实，现在的濠江区人民医院（原达濠人民医院）、濠江区疗养所（原达濠区疗养所），其热心资助人就是葛洲籍香港同胞张恭良、张恭荣先生。

葛洲鹅群（黄和生 摄）

为展示乡村"软实力","海丝故土,和美侨乡——葛洲"的标志性景观已矗立村口。在村道两旁的木棉花盛放的时节,走进葛洲乡,就会有一种心旷神怡的感觉。这座美丽的乡村,于2011年8月被国务院侨务办公室授予全国"侨爱新村"称号,2013年获广东省"宜居社区"和"卫生村"称号,2018年被列为汕头市建设美丽乡村的示范村,2019年获评"广东省古村落"。

一座乡村,一曲乡音。一处"乡关",诠释生命传奇!

葛洲大事记

东晋隆安元年（397），现葛洲属地为东南沿海海域的荒凉小岛。① 是年，蜑家人始渡鮀濠（今达濠），蜑族人家在此停靠蜑艇过生活。

潮阳建县之后，宋元时期，现葛洲属地属潮阳县奉恩乡；明清时期属潮阳县砂浦都，部分属招收都（即西畔村）；民国时期先后属潮阳县第四区和第三区。②

北宋末年，福建莆田"六桂联芳"之一脉（即原城第四十四世孙普珠公第四十六世善洽公）卜居该处海隅，创清江乡。这是葛洲先民第一次迁徙。有蓝、许、翁姓人家同在清江乡定居。

明洪武元年（1368），受海寇袭扰，先民由清江搬迁至凉亭。这是葛洲先民第二次迁徙。凉亭位置在今葛洲村以东，坐西向东，东面是海，其余三面环山。村落背依牛头相答岭，左为麒麟山，右为崎佰寨山。

明弘治年间，先民频遭海盗袭扰，被迫从凉亭迁入现葛洲地。这是葛洲先民的第三次迁徙。

明嘉靖元年（1522），葛洲翁氏翁子淡（庠生）在翁氏祖地一块摩崖题写"莆邑翁六桂之后"。该石保留完好，字迹清

---

① 参见汕头市濠江区地方志编纂委员会编《汕头市濠江区志》，广东人民出版社2013年版，第8页。

② 参见广东省汕头市地方志编纂委员会编《汕头市志》第二册，新华出版社1999年版，第302页。

晰，是研究葛洲乡历史文化的重要遗迹。

明嘉靖元年（1522）春，葛洲建妈祖庙（天后庙）。

明隆庆六年（1572）重修的《潮阳县志》卷之六"舆地志"已有葛洲之名。这是现存最早的出现"葛洲"地名的地方志。

清道光年间，葛洲先民张盛著携亲带眷下南洋，到越南西贡浸石，创设和顺发行，成为当地著名潮商。和顺发兴起时期，葛洲人纷纷下南洋投靠和顺发行，并定居西贡浸石。今有"海内一个葛洲，海外一个葛洲"之说。

18世纪，葛洲张氏十八世宏郡公之陈敬德夫人从葛洲奉请妈祖香火到越南浸石，后立庙，信众日多，并得到和顺发等商行及信众捐助，建成浸石天后宫。该天后宫成为东南亚地区信奉妈祖文化、彰显海上丝绸之路的一个缩影。

清光绪年间，葛洲人张祥耀（1880—1946）在越南南部西贡创办张成顺商行，经营船舶运输，后代办法国邮船业务。张祥耀因为人忠厚、威望高，被推为"五帮公会"帮长。

清末民初，陆丰甲子人、举人张兆禧卜居葛洲，在葛岭山下筑环山半庐，开学启蒙葛洲学子。

民国十六年（1927），旅居越南的张祥耀先生回葛洲村定居，修石板路，为乡民赈灾送药，邀请张兆禧书写"乡关"等书法镌刻于村口。这些摩崖石刻成为乡村一道风景，是研究葛洲历史文化的重要史迹。

民国二十二年（1933），葛洲人陈训庭在本村修建训庭别筑，历时5年。训庭别筑是葛洲村第一座洋楼，为二层钢筋混凝土框架洋楼，外观为巴洛克式建筑风格，里屋是潮汕传统建筑的"四点金"格局，是中西合璧的创意民居。

民国三十三年（1944），葛洲人张祥耀、张伟昌创设紫垣阁。该阁题字、题联者为张兆禧。

民国三十五年（1946），葛洲与东湖、澳头合并为潮光乡，隶属潮阳县。

1949年，饶宗颐修纂《潮州志》（汕头：潮州修志馆），其"实业志·农业"条收入葛洲特产拨仔："葛洲拨仔，肉质细腻而清纯。"

1950年2月，潮阳县属潮汕区行政督察专员公署（10月改属潮汕专员公署），达濠区隶之，葛洲隶属达濠区，行政区名为"汕头市葛洲乡"。

1952年，葛洲属潮阳县第三区（达濠区）。

1954年5月27日,葛洲划归汕头市郊。

1957年,葛洲又与东湖合并为潮阳县潮光乡。

1958年3月28日,经报广东省人民委员会同意,达濠镇(含潮光乡)划归汕头市郊,称为"汕头市郊达濠人民公社葛洲大队"。

1959年改称为"潮光大队"。

1961年3月复属潮阳县。

1975年8月16日,又属汕头市郊区,属礐石人民公社辖区。

1979年,葛洲划出地块,建设葛洲海员俱乐部,为全国乡村海员俱乐部之首创。

1981年,由张恭良、张恭荣先生捐资400万元兴建的葛洲学校落成,学校建筑面积为5000平方米。同年,张恭良、张恭荣先生又捐资230万元兴建葛洲恭荣幼儿园,幼儿园建筑面积为2400平方米。

1983年1月,葛洲部分土地划归汕头经济特区广澳片区。

1984年1月,达濠镇与礐石人民公社合并为达濠区。葛洲乡属汕头市达濠区。

1984年,由严浩导演,顾美华、斯琴高娃主演的电影《似水流年》在葛洲石板路等处取景拍摄。

1986年12月17日,葛洲属达濠区达濠街道办事处。

1989年,由张婉婷导演,香港演员洪金宝、台湾演员张艾嘉主演的电影《八两金》在葛洲民居取景拍摄。

1991年2月,汕头市人民政府授予达濠区葛洲人、旅港乡亲张恭良"汕头市荣誉市民"称号。

1999年10月21日,汕头市人民政府授予张恭荣"汕头市荣誉市民"称号。①

2000年,张恭荣先生捐资1300万元在礐石风景区内兴建张恭荣康复中心,占地35亩,建筑面积17178平方米。

2002年6月,为汕头市濠江区达濠街道葛洲社区。

2011年8月,葛洲获颁国务院侨务办公室授予的"侨爱新村"称号,是广东省迄今为止仅有的两个"侨爱新村"之一。

---

① 参见陈焕展、郑明标《桑梓情——张恭荣传记集》,香港艺苑出版社2003年版,第137页。

2017年，汕头市编制"百村示范"整治规划，濠江区根据汕头市委市政府的部署要求，开展"百村示范、千村整治"美丽乡村建设三年大行动，葛洲社区位列其中。

2018年，广东省民间文艺家协会专家组考察葛洲，对葛洲古村落保留现状和历史人文给予极高评价。

2019年3月，广东省文学艺术界联合会、广东省民间文艺家协会授予葛洲第六批"广东省古村落"称号。

后 记

我与葛洲村"相识"已久。30年前,葛洲村有一个同窗好友要在村中举行婚礼,我专程从汕头的另一个乡村出发,骑着自行车,乘坐西堤轮渡,翻越蜈田岭,经过磊口,十弯八曲,又爬上瞭望山山道,来到葛洲村。我在葛洲乡村海员俱乐部住过一夜。住在村中,我百感交集,在年轻的时光里,感受初春的葛洲,喜气,朴素,活力。

这是我第一次感受葛洲。海风阵阵,能望见远处的渔船。那时尚未有汕头海湾大桥和礐石跨海大桥,出入葛洲的人们必须借助西堤轮渡、广场轮渡和唯一一线汕头中心城区至葛洲的小轮渡。30年后,当年这位新婚宴尔的小伙子,如今成为葛洲村的中坚力量。30年,一场友情,一场乡情,就这样成为这本书要抒写的生活故事。

记得当年我骑车翻越蜈田岭的时候,由于坡陡,自行车的传动链条脱落了两次,一个人在山上当起了修车工,双手都是油污。这些是那个年代的记忆。几十年世事沧桑,如今通往葛洲村的道路已是四通八达,南滨路沿线已成为汕头"一湾两岸"的绮丽风景,苏埃隧道正在施工。晚间在南岸北望汕头城区,灯火辉煌。

葛洲村有26个姓氏,800余年的历史变迁时间跨度大,人文足迹芜杂。该村还有许多先民昔年漂洋过海,在越南创造商业奇迹。这给本书的编写带来难度。在成书之际,缘遇越南胡志明市潮安义安会馆现任会长、78岁高龄的林忠良先生及其夫人。我从他们那里获悉了昔年华人到西贡浸石的情景，也获知了潮人在越南艰苦奋斗所创造的商业奇迹。关于葛洲籍张美兰女士在越南的辉煌业绩，许多也是通过其侧面介绍而有了翔实的了解。这是极其珍贵的"采访"，让我更加直接而深刻地了解潮人在越南的过去和现在，尤其是在叙述越南葛洲人的生活时可更加直观。林忠良先生是越南华人，几代人在越南生活，他自幼就得家训，在家必讲潮州话，一直传承至其子孙们。这是让我感到惊讶和感动的地方。

随着不断的寻觅和对地方史料的解读，我一次次走近葛洲村，所能感受到的一切，成为本书的实际内容。我期望读者诸君，在对《葛洲》这本书进行审读时，不仅仅把它当作一座村庄的故事，它其实已经包含了我对潮汕历史文化的热爱和释疑，希望能够借助这一座村庄的历史和人文，唤起人们更加热爱自己的家乡，从而深信文化就在我们身边，人人都是乡土文化的挖掘者，中华文化正是在这样根植于本土的深情故事里日益播远。

在本书的筹划和写作过程中，葛洲社区同时在积极筹划申报第六批"广东省古村落"活动，包括计划出版《广东省古村落·葛洲》一书，难得的机遇促成了我完成本书的写作。为提高本书的可读性，葛洲社区两委还邀请汕头市摄影家协会会员到该村进行摄影创作，举行葛洲古村落摄影比赛活动，入选作品免责提供给本书作为精美的插图、插页。葛洲社区两委为我提供了本村主要姓氏的族谱，安排了一些村民代表与我交谈，让我更深入地了解了葛洲的历史和现在。出版一本书，所费的周折是难免的，自2018年10月到今年4月一年多的时间里，四易其稿，作为作者，所付出的辛劳唯有自己心知。幸好得到了汕头市民间文艺家协会、葛洲社区两委的大力支持，特别是最后阶段缘遇中山大学出版社编辑悉心审校，使得这本书能够呈现在读者诸君面前。这些，在此一并表示感谢！

由于时间仓促和个人能力所限，书中一定存在不少瑕疵，望方家不吝指教，以便有机会进一步完善。

陈伟家
2020年4月15日